# こそ

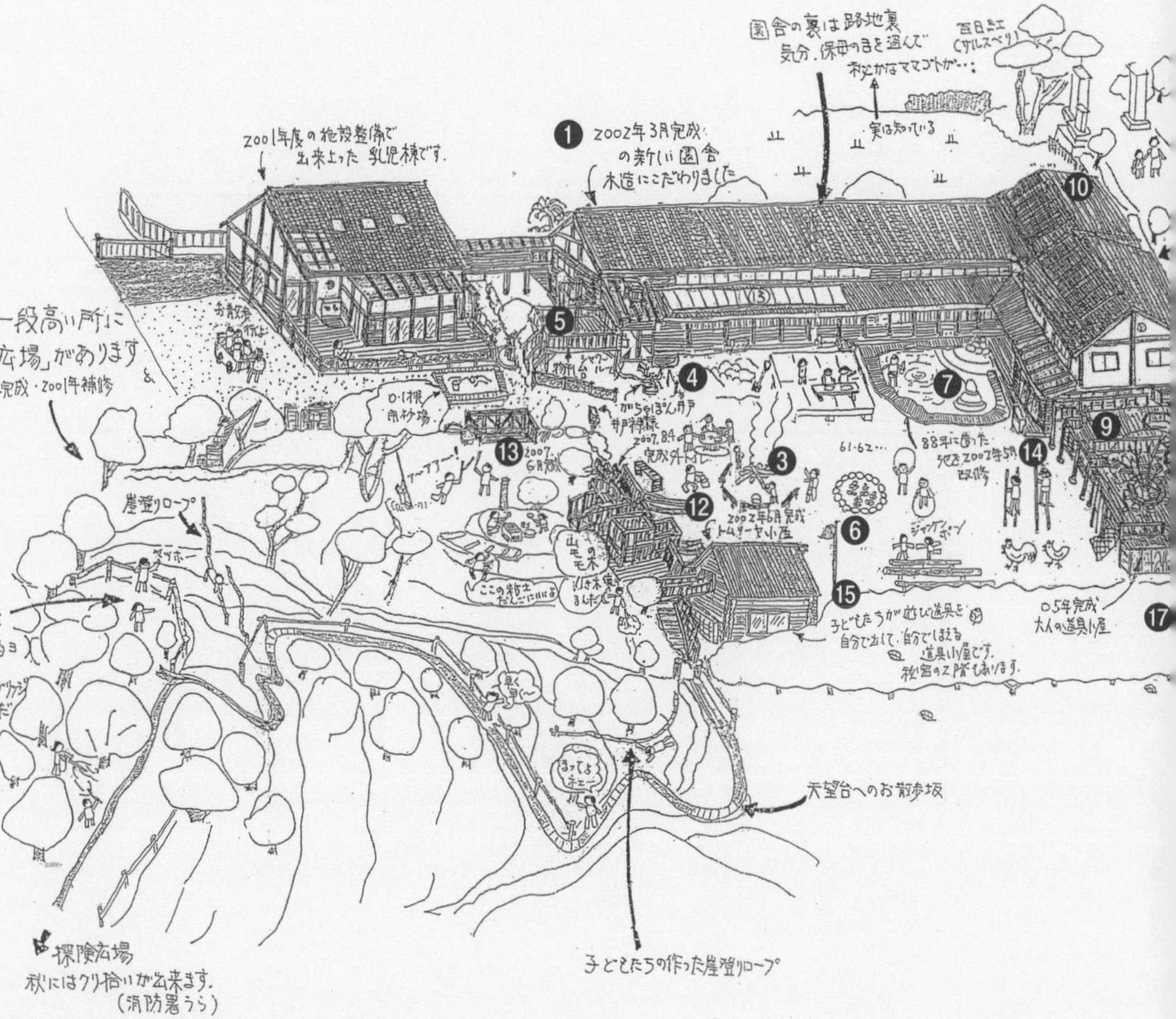


## 和光保育園概要（2015. 4. 1現在）

【開園時間】 7：00～19：00

【対象年齢】 51日～就学前児
（51～57日は親子で園になじむ保育期間）

【定員】 90名

【クラス名と職員構成】

| 年齢 | クラス名 | 子ども | 担任 | 付　記 |
|---|---|---|---|---|
| 0歳児 | くだもの組 | 3 | 3 | |
| 1歳児 | やさい組 | 5 | | |
| 2歳児 | みみず組 | 17 | 3 | |
| 3歳児 | こうじ組 | 23 | 3 | 午前中の副園長含 |
| 4歳児 | ほし組 | 25 | 3 | 要特別支援1 |
| 5歳児 | すな組 | 31 | 2 | |

## 巻頭イラストマップの番号説明

❶2002年３月。45年ぶりにリニューアルされた新園舎。木造でしっくいの白壁と深みのあるこげ茶色の木の外壁、柱の建物にこだわったおかげで、あったかくて落ち着ける空間が生まれました。

❷わこう農園＝子どもたちが自分で育てた野菜はおいしいから不思議。

❸和光の冬はたき火のある風景。火の上に鉄板のせたり、釜をのせて調理もする。

❹砂場＝どこまでが砂場かわからないけれど、夏になるとお父さんが「おれの出番！」とやってきて、プールに変身させる。

❺保育園って洗濯いっぱいするけれど、専用の物干し台がないのは不思議。そこで「おやじの会」に頼んで造ってもらったのがこの子ども用の物干し台。同時にガチャポン井戸も復活させました。

❻春に新入園児を花いっぱいで迎えた花壇も、秋にはなくなって運動会ができる広場になります。そしてまた春を迎える頃になると、作る花壇です。

❼これまたお父さんパワーで造った『ジャブジャブ池』。園舎の改修で新しくなり、おやじの会に波打ち際のイメージでデッキを張ってもらいました。

❽秋に開く『わこう村大バザール』での収益金を貯めて建てたのがこの八角形の『わいがや亭』。子ども服のリサイクルコーナーとコーヒーが飲めるカウンターがある、大人のためのサロンです。地域子育て支援センター「もう一つのお家」もここで活動しています。

❾家の中と外をつなぐ縁側があるなら、１階と２階をつなぐ縁側も必要だと、施設整備の折に造ってもらったオープンデッキの『青空広場』。網のぼりや竹のぼりがあったり、基地になったりお家になったり。大人たちには２階の専用玄関に通じるアプローチの役割と、元気に遊ぶ子どもたちを目の当たりにできる展望広場に。木陰でダベリングもできます。

❿2004年度の事業で取り付けた太陽光発電（５kw）と風力発電（50w）設備。太陽光は和光の電力消費の16%を、風力は園庭通用口を日没から21時まで照らします。太陽と風の恵みを子どもたちに伝えています。

⓫2006年３月完成の「富士見やぐら」。東京湾越しに見える富士山の向こうに沈む夕日を子どもたちに見せたいと、周りの木を人海戦術で伐採した。

⓬2007年８月に滑り台、屋上展望台つき砦風「外トイレ」が完成。土手を掘りこんで中にトイレを造り、埋め戻して造った滑り台です。

⓭2007年２月に外トイレプロジェクトで同時に着工の手作り太陽熱温水器。貯湯槽を乳児棟の砂場の前に埋設したので、その上に展望のデッキを造る。

⓮雨水の有効利用をと、おやじの会でドラム缶３本に蛇口をつけた天水桶を設置。

⓯2010年２月、炊事を生活の中へと、薪で煮炊きする「かまど」を外に造る。

⓰2010年12月、おやじの会で「わこう窯」の薪をしまう小屋を新設。2011年１月、「わこう窯」改修。

⓱2011年10月、ソニー幼児教育支援プログラム「最優秀園」受賞副賞金を原資に、「親子文庫」をおやじの会に手伝ってもらって建て替え。

わこう村「子ミュニティー」

桑の実、おいしかった！

やまびこ広場で

わこう農園で

西の間の縁の下

和光保育園の園づくり・運営の特徴は、保護者の参加・参画が旺盛になされることです。とりわけ、「おやじの会」による本格的な建造物は、遊びと居心地のよい園環境に一役も二役も貢献しています。次頁からその一端を紹介します。

２歳児の部屋

西の間

# おやじたちの園づくり

毎年恒例のプール造り

クライミングウォール

皆ふう外トイレ　　わこう窯で焼いてくれた食器　　青空広場（階段部分）

物干し台

親子文庫

トムソーヤ小屋（子ども用道具入れ）

わいがや亭

太陽熱温水器

縁台での昼食は人気のスポット

わこう窯

ジャブジャブ池

子どもに学んだ
和光の保育

希望編

# 育ちあいの場づくり論

鈴木まひろ
久保健太

ひとなる書房

# はじめに

子ども・子育て支援新制度が動きはじめました。すべての子どもを対象にして、年金・医療・介護と並ぶ社会保障の柱の一つに、子ども・子育て支援を位置付けたのは、国の覚悟としては画期的なことです。しかし、出発点が一元化だった制度改革は、より多元複雑化してしまい、依って立つ法律（児童福祉法／教育基本法）の違いだけなのか、「保育」と「教育」が切り分けられたり、「学校教育」という概念が強化されて、保育現場にいっそうの混乱をもちこんでいます。

国の「子ども・子育て会議」の当初にあった「世界に誇れる保育を創り出したい」の発言には、大いに期待をしたのですが、議論は制度の形や量のみに終わってしまい、「子どもの最善の利益」や「保育の質」も、保育現場に丸投げされています。

「保育の質を高める」ことは、日本に限らず世界中の保育者の願いです。質が高まるということの私の解釈は、子どもと保育者の豊かで応答的な関係を通して、お互いが見えてくる／分かるようになっていくということであり、それによって遊びや生活が充実していくということなのだと思うのです。そこに、親も入ってきて一緒に語り合う／分かち合う。そのためには、保育者が子どもの心情を翻訳する人、語る人、意味づけられる人として、日々子どもに学び成長していくことが求められます。そしてそれは、子どもと親と保育者の「育ちあいの場づくり」なのだと思うのです。

昭和五七（一九八二）年頃から保育の見直しを始めました。三三年が経って、ようやくこんなことかなと少し語れる言葉も持てるようになってきたように思います。でも始めた頃は、右も左も分からずじまい。この頃子どもが変だ、何をするにも「やってもいいか」といちいち聞きに来るし、いろんなことを知ったかぶりで教えてくれるけれど、身体性が身についていなくて、思いもよらぬ怪我をする。そんな、子どものおかしさが気になりはじめていました。

おかしさは、私たちの保育にもありました。「子どものために」と一所懸命に考えて立てた指導計画でしたが、子どもの興味・関心や意欲から始まったものではなく、保育者の想いが先行していました。すると、させる側とさせられる側には気持ちにずれがある。そこで、保育者はやってほしいので説明する、誘導する、引っぱることが多くなる。結果、子どもは不自由になり窮屈になるのです。子どもの生き生きした表現は、私たちが用意した保育よりも、自由な遊びの中に多くがありました。子どもが主体的に遊べていることが大事ではないか？　そのことも気になり始めました。

ちょうどその頃、私は地元で当時富里保育園園長をしていた花村実さん（故人）と出会いました。先生は、当時全国私立保育園連盟で、保育総合研究委員会の委員長をされていて、連盟が取り組んでいたプロジェクトに私を連れて行ってくれたのです。そこで、保育を熱く語る園長や、若い大学の先生（諏訪きぬさんや吉村真理子さんなど）と出会わせてくれました。その中に園長の遠山洋一さんと新沢誠治さんがいらして、以来私の生涯の師匠になりました。遠山さんは、確かな方向性の哲学を持ちながらも、みんなの意見を丁寧に聞いて、話される話はもちろん、されている民主的な園経営にあこがれました。新沢さんは、これからはこれが大事と、進むべき方向性を情熱で語る人でした。そんな二人にはとても及びもしないけれど、近づきたいと思いました。

また、お寺に生まれて育ったので、真面目を生きなければならない（できはしませんが）窮屈な思いで過ごし、若い頃は冗談など言える人ではありませんでした。その窮屈さの経験と、保育園の子どもたちが重なったのでしょう。あこがれの人と出会い、殻を抜け出したい私と、自分らしい自分を表現できるようになってほしい子どもへの想いが、見直しを始める源だったのかもしれません。もちろん、私一人でできたことではなく、妻も保育者として、私が言い始めたことを一所懸命形にしようとしてくれて、仲間と一緒に、親と一緒にやってきた一世代三三年の時間です。

二巻物のこちらの本は、「希望編」となっています。三三年の試行錯誤をまとめたものなのでこちらも「葛藤編」なのですが、取り組んできたこと、見えてきたことが「育ちあいの場づくり論」となりました。私たちは今混沌とした時代、先の見えづらい時代を生きていますが、この本が子どもたちにとって、保育のこれからにとって、希望につながっていけるものになれたなら、こんな幸せはありません。

鈴木まひろ

もくじ　●子どもに学んだ和光の保育・希望編　育ちあいの場づくり論

もくじ

# 序章　「今」という時代に「人間として」大事にしたいこと
## ——人間を創ってきたもの　そして保育へ——

### 人間は自然から離れられない

ＮＨＫのＥテレで、「空中庭園」（ビルの屋上など人工物の上を利用して作った庭）をテーマにした番組がありました。人気が高かったのか、最近アンコール放送もされました。紹介されていた東京と大阪のビルの屋上や壁面には土が入れられ、新緑のまぶしい光にあふれた庭園が造られています。東京のその庭園は、その昔、地域にあった雑木林をイメージして造られたものだそうです。都会の代名詞ともなっている六本木ヒルズの屋上にも田んぼが現れ、稲作がされていました。番組の案内役の草刈正雄さんの

都内商業施設の屋上庭園

コメント「子どもの頃に未来を夢と仰いだ絵本『みらいのまち』には、鉄腕アトムに出てくるようなタイヤのない車が、空中を縦横無尽に飛び回る風景が描かれていたけれど、現実の都会は違ってきている」が印象的でした。

宇宙ステーションでの四度の通算滞在日数は一年を超えるという、宇宙飛行士で船長にもなった若田光一さんは、半年間の任務を終えて帰ってきた時「カザフスタンの草原のそよ風に迎えられた感じがします。やっぱり、地球はいいです」とコメントしています。人間は一世紀一〇〇年を費やして、都会の空を突き抜くようなビルが乱立する巨大都市を造ったり、人工衛星での滞在実験を始めたけれど、人工物に囲まれた空間だけでは、人間として生きづらくなってきていることを、空中庭園や宇宙飛行士が語り始めたということでしょう。そう、人間は、自然から離れられないのです。未来はきっと今よりも、木々の枝先を通り抜ける風や、木漏れびの柔らかな光、水の流れや魚泳ぐ川が建物の間を縫い、小鳥がさえずり、昆虫なども多様に生きる、そういう自然と人間の共生がデザインされた街づくりに向かっていく、いかなければならないと思うのです。聞くところによると、ドイツなどではかつて護岸工事をした川を元の自然な川に近づける工法が進んでいるようです。そう考えると、人間が育つ道筋の中に、「自然との対話」をうれしい／心地よいと感じるチャンネルをもっと意図的に組み入れておく必要があると思うのです。

ところで、私たち人間はなぜ、時として猛威をふるう自然を、「気持ちいいもの」「心安らぐもの」「傍らに置いて寄り添ってほしいもの」と認識するのでしょうか？ それは生命が育ってきた時間や向き合ってきた環境との関係の中に答えがあるように思うのです。

## 宇宙史・地球史の中の人間の存在

以前私は、人類が今日の人間にたどり着くまでに、どれくらいの時間をかけてきたのだろうかと、面白半分に計算したことがあります。それは、世界でいえば産業革命以降、日本でいえば明治以降の、特には戦後の七〇年という人類史からみればまばたきするほどの中で、環境や社会構造、暮らし方さえも変えて、推し進めてきた近代化とは何だったのだろうかと、立ち止まって考えたいと思ったのです。都市化・近代化で手に入れたものはたくさんあったけれど、この頃は、生きづらくなってきたという実感がある。なぜだろう？　失ってきたものがあるのではないか。それは何だろうか？　人間として生きるとはどういうことなのだろう？　人類は、五〇〇万年命をつないでこれたけれど、どうやってつないできたのだろう？　近代化で失ってきたものの中に、人間が人間らしく生きるために、守りつないでいかなければならないものがあるのではないか？　この章の初めを、「人間は自然から離れられない」と書き出したのも、そういう想いからです。計算は素人の興味の範囲だということを承知してもらったうえで、おつきあい願えればと思いますが、宇宙史の中では、五〇〇万年と言われる人類の時間は、どのような存在なのかをたどってみたわけです。

宇宙史・地球史には諸説あるのですが、宇宙は「ビッグバン」と呼ばれる大爆発が起源とされています。もちろん大爆発を起こす前にも、塵が漂っていた時代とか、そこにどんなきっかけでしょうか、その塵が集まり始めて凝縮されて、こらえ切れなくなるまでの時間もあったと思うのですが、ついに宇宙の大爆発＝ビッグバンが起きた。ここでは一五〇億年説で話を進めたいと思います。

ビッグバンから一〇〇億年が経った今から五〇億年ほど前に、私たちが住んでいる地球を含む水星・金星・火星や土星などの太陽系の星々が生まれます。宇宙の始まりビッグバンを0時にした二四時間時計で歴史をたどってみると、太陽系誕生の時間は、午後も夕方、一六時四〇分三八秒。冬なら薄暮の時間です。夕方まで太陽も地球もなかったのです。しかしここで生まれた地球は、マグマがそのまま丸くなったような灼熱のボールで、とても生命が生まれるような環境ではありませんでした。しかし、やがてマグマの中に閉じ込められた水やガスが噴出して、大雨が降り洪水となり、大きな水の流れは海も造り、それがまた蒸発しては雨になりをくり返して、一〇億年くらいがかかったというのですが、ようやく地球と大気の温度にバランスがとれておさまってきた、落ち着いてきたようなのです。

## 生命の起源

そしてこれも不思議がまだ解明されていないのですが、無機質な栄養素アミノ酸（タンパク質を作る素）に生命の起源が宿るのです。どんな作用が加わったのでしょうか？　最初の生命が海の中でとうとう誕生するのです。今でも海底の火山から、何百度もの熱湯が噴出しているところがあり、さらにそこにはメタンガスが充満して酸素などない、私たちの側の生命から考えたらとても生きられない過酷な環境ですが、それを好む嫌気性細菌が発見されています。ひょっとしたらその高温やガスが、栄養素に何らかの刺激を与えたのでしょうか？　人間の今日の英知を持ってしても再現できない不思議さの中で、単細胞の生命体＝ファーストＤＮＡが誕生したのです。最近の学説では、海底プレートに堆積された栄養素が、プレートの対流移動と共に地下に潜りこんで、長い年月をかけて圧密・脱水・高分子化されて、さらには周囲の温水によって分解されないように、粘土鉱物などの膜で覆われた生命の素となるものが生成されたものが、海洋に熱泉とともに放出されたとも言われています。時計は一八時一五分五六秒です。

生命の大河はそこからやがて多細胞の生命を生み出すのですが、それに費やした時間はなんとファーストＤＮＡの誕生から二五億年です。二四時間時計は二〇時一四分一六秒になりました。子どもは夕ご飯も終わり、お風呂に入ろうとうながされる時間です。

さて、二五億年もかかりましたが、多細胞の生命が生まれてくると、ここからスピードをあげて多様化が始まります。カンブリア期という時代では生命は爆発的に多様化し、環境に合わせきれなかった種はそこで滅んでいきました。多種多様な生き方（生命の可能性）が試されて、その中から魚の先祖が現れ、ミネラル豊富な海水の中から、カルシウムを骨として体内に取り込み蓄えるという戦略も生まれ出てきて脊椎動物が生まれてくると、そのカルシウムを頼りに真水に生きられる生命も生まれ出てきます。またその中から陸に上がり水と土を行き来する環境に適応できる肺呼吸の両生類が生まれ出てきます。そしてついには水から離れる決断を始める種が生まれ、やがて哺乳類の先祖が誕生してくるのです。魚や鳥のように卵（次に引き継ぐ生命のカプセル）を体の外に生み落して、自然環境にさらされながら育てるリスクを減らして、お腹の中で育ててから生み育てるという、歩留まりをよくした生き残りの新たな戦略を身に付けたのが哺乳類です。哺乳類の最初の祖先はとても小型で、ネズミやリスぐらいに小さかったそうです。多細胞生命から哺乳類の祖先が生まれるまでに、また一〇億年かかりました。単細胞生物から多細胞生物が誕生するまでに二五億年がかかっていることを考えると、この一〇億年で水の世界から陸の世界にまで生命が広がっていったのは驚異的です。最初の哺乳類誕生の時間は二三時四九分四四秒です。

そして、その後に恐竜全盛時代があるのですが、巨大な隕石の衝突が原因で恐竜が絶滅したとされているのが六五〇〇万年ほど前だったでしょうか。地球に衝突した隕石の爆風・熱風は瞬く間に地表を焼き尽くし、奇跡的に生き残れた恐竜も食物を失い滅んでいきます。実は、宇宙からの巨大隕石衝突がもたらした生命の危機以前にも、地球内部から起こった危機もあったようなのです。それは今でも地球規模で海や大陸を支えているプレートが対流しているのですが、二億五千万年前には今の大陸も一か所にまとまっていて、そこから全生命の存在を脅かすほどのマグマが地表に噴出したらしいのです。

こういうことがきっかけだったのでしょうか、大陸は分割され現在のような位置になっていった、そのくらいの地殻変動をもたらすほどの溶岩大噴出だったらしいのです。しかし、こうした二度の大試練にもかかわらず、ある種は奇跡的に生き残って、恐竜も今は亀や鳥類に生命をつないでいます。恐竜の足と鳥の足が似ているのは、鳥の先祖が恐竜であるからで、卵を産んで育てるところも同じです。そして私たちの先祖の哺乳類ですが、その時やはりどこかで生き延びてくれて、やがてサルや人に進化する生命へとつなげてくれたのです。

## 人類の歴史

人類の祖先の誕生です。五〇〇万年前です。さて何時だろうと時計を見ると、なんと二三時五九分一二秒です。そう、人類は、二四時間の宇宙時計では、まだたったの四八秒しか生きていないことになるのです。

ところで、その四八秒＝五〇〇万年の時間ですが、そのほとんどの四九八万八千年くらいは猿人・原人、旧石器・新石器の時代を過ごします。その間も、淘汰が起こってホモサピエンスだけが生き残るのです。そして残りの一万二千年の中に、日本の歴史でみると縄文時代の九六〇〇年があり、稲作文化が到来して集落ができるようになった弥生時代（紀元前後にまたがる七〇〇年）が続いて、次の飛鳥時代、奈良時代がやってくる。そう考えてくると、一二〇〇年あまり前の奈良時代や平安時代がものすごく身近に迫ってくるのです。そして、書かれた当時の書物を読めば、現代人とそう変わらない思考の仕方や人間模様が描かれていて、少なくともここ千数百年は、人間は変わっていないことが分かるのです。

遊びついでに、石器時代の終わり（縄文文化の始まり）を0時とした新たな二四時間時計をそこからスタートさせると、弥生文化の始まりが一八時五六分、江戸時代が終わるのが二三時四二分一六秒。第二次世界大戦終戦の昭和二〇年は二三時五一分四四秒です。そして終戦から経済大国にのし上がった戦後の七〇年は、わずか八分一六秒という五〇〇秒にも満たない時間なのです。そのわずか五〇〇秒の中で、人間は平地や海岸線はもとより、山間部にまで開発の波を押し拡げ、台地は削られ、鉄道や道路は都市をむすび、都市化・近代化がいっきに進むのです。高度経済成長前までは、第一次産業に約五割が従事して、先祖の生業を受け継いで、子や孫は、親世代や祖父母世代の生き方に混じって、見て育ち、手伝って育ち、いつしか親のようになっていくことを連綿とくり返しながら、生きてきた・育ってきたのです。

しかし、産業構造が変わり、人口が都市に集中するようになって、大多数がサラリーマンの時代になると、親の代とは職業選択も違う、生きがいも目標も価値観も違う働き方が始まって、新しい生き方を模索しなければならなくなりました。働き方が変わり、暮らし方も変わり、家族は夫婦・子どもだけの核家族になりました。経済の発展と引き換えに、地域のコミュニティーは壊れ、「無縁社会」「孤立・ひきこもり社会」が今では社会問題にまでなってきました。高度経済成長がもたらすはずだった「幸福感」は薄らいで、手に入れた便利さは、より楽ができる方法探しにさらに向かって、現実感や手応え感などの生きている実感がやせていく社会をつくり出してしまったように思うのです。

しかし、昔がすべてよかったというわけでもない。昔には戻れないし、戻れば解決できるというそんな単純なものでもないけれど、今という時代を引き受けた一人として、解決まではできなくても、改善できることがあるのではないかと思うのです。保育園の園長として、子育てに関わる一人として、それはほんの少しのことかもしれないのですが……。

## 生命固有の生き残り戦略

ラジオの「全国子ども電話相談室」で学んだ話題です。四歳の男の子が、「何でにんじんや大根を包丁で切ると、中身はびっしり詰まっているのに、ピーマンは詰まっていないのか?」という質問をしました。合点したその答えは、ピーマンは中南米が原産で、強い日差しの下で生きている植物なのだそうです。人間にとっては、外側の果肉が大事だけれど、ピーマンにとっては中の種が大事。だって次への命をそこに託すわけですから。そこで、外の果肉は、強い紫外線から種を守るために必要。そして中の空洞は、暑い外気とは違う快適な空気室を用意して、種を守っている。そういう戦略をみつけて、ピーマンとして生き延びてきた、種を守ってきたのだそうです。

キュウリやスイカは、空洞ではなく水分で冷やして種を守る戦略を選んだ。ニンジンや大根は、春を選び花を咲かせて、虫に助けてもらい種を増やす。立派な花を咲かせるための栄養を蓄えることに、むしろ根は徹したということなのだそうです。草花が、種をどう遠くへ運ぶのかにも、風の力、動物や昆虫の力を借りる、自分自身がはじけて飛ばす、あるいは潮の満ち引きの力を借りるものもありました。この地球上の数えきれないほどの生命が、それぞれの生き残りに固有の戦略を立てて、今日まで命をつないできたのです。

私たちホモサピエンスも、生き残り戦略を立ててきました。それがうまくいって、今日まで命をつなぐことができたのです。動物行動学者の日高敏隆さんは、私たちの研修会でこんなことを話してくれました（全国私立保育園研究大会びわこ大会、一九九八）。

「彼らは、洞窟のようなところに大体一家族一〇人、二〇組二〇〇人くらいで共同生活していた。そこには、多様な人柄など、違いが豊かに混在した小さな社会があって、役割をそれぞれが分担し、支え合いながら生きていた。狩猟生活には群れでの暮らしが欠かせなかったし、それは生活するうえでとても便利で都合がよかった。そこで男性は、集団の力を活かして狩りに出かける。一週間とか長い時には ひと月くらいの旅をする。女性は一〇人も子どもを産むので、適齢期になれば出産と育児から離れられない。住居からも離れられない。そこで近くの木の実や食べられそうな葉っぱ、根っこを見つけながら、群れの食を守り、留守を守る。食にありつけた人とそうでない人ができると争いになるので、ここでも群れを維持する力が働いて、公平に分け与える文化が育っていく。そうして、ずっと生命も守られてきた。ぶつかることもしばしばあっただろうけれど、それぞれの思いの違いに付き合いながら、折り合いをつけていく。そういうことを、人間の場合は何万年もかけて培ってきたのではないか」

日高さんが言うように、祖先の経験の積み重ねが、ＤＮＡとして現代の我々にも受け継がれていて、攻撃性も人間の本性の一つとして引き継いでいる。しかし、狩りでは必要な攻撃性も、群れの維持のためにはコントロールして抑えてきた（他の群れには攻撃性を持っていたようです）。人間が今日まで種を存続し続けてこれたのは、共感性や協調性・協働性を身に付けたからです。あくびがうつるとか、テレビや小説の登場人物に共感して涙が出てくる私がいるのも、人間が長い時間をかけて培ってきた「共感し合う関係の存在」としての特性が、無意識下から湧いて出てくるのではないか。人間は「群れ」の中で、群れの助けを借りて、命を守り、育ててきた。ずうっと続けてきた。そうやってきたからこそ生き延びてきたということです。

## ウグイスはカラスになれない

前述の日高敏隆さんからは、こんな話も伺いました。「ウグイスの子にいくらカラスの鳴き声を聞かせてもそっぽを向いている。でもウグイスの声を聞かせると、関心を示し学習を始める」のだそうです。この話は、とても重要な示唆をしてくれています。つまり、ウグイスの子は親から引き継いだ生命を、ウグイスとして次の世代にバトンタッチする必要があり、そのためにカラスではなくウグイスの声に反応するように、身体のしくみがそうなっているのです。しかし、しくみだけではだめで、それを支える環境（ここではウグイスの声）が重要なのだということです。

私たち人間の赤ちゃんも、からっぽ状態で親からただ生まれてきた存在ではなく、人間として育つように「インストールされた生命のプログラム」と、四〇億年かけて引き継ぎ積み重ねてきた生命の歴史や経験の情報を内包して生まれてくるわけです。そしてそこに、人間として育つに必要な刺激がもたらされるとスイッチが入る。そういう身体のしくみと、処理する脳の働きも受け継いで、四〇億年という生命の大河の中で、今という時代（時間）を引き受けて生まれ、次に生命を引き継ぐ役割を引き受けて今を生きるのです。

## 保育を考える前に

人間って何だろう？　と考えてきましたが、さて、では「子ども」です。

次に紹介するのは、『わこう村ガイドブック』に私が書いた「保育を考える前に」です。『わこう村ガイドブック』は、保育理念やそれに添って展開する保育の具体的内容を、毎年少しずつ改訂を加えながらまとめたものなので、ここには、私たちの試行錯誤の歴史が詰まっています。父母はもちろん、おじいちゃん・おばあちゃんにも読んでもらい、子どもへの想いや保育（子育て）への想いを共有し合い、子どもを真ん中にして大人も育っていく関係を育み合いたい、そんな願いが込められています（親に向けて書いたくだけた文体ですが、一部省略してそのまま転載いたします）。

---

### 人間（ヒト）の育つみちすじ（二〇一五年版より抜粋）

クイズです。子どもが生まれると生まれるもう一つのものってなーんだ。答えはそう、「親」。

もう一つクイズ。何でも思い通りになるものなーんだ。答えはスイッチ一つでつく電気、水道……私たちの身の回りのほとんどの生活用具。

おまけのクイズ。思い通りにはならないものは？　答えは「赤ん坊」。夜寝てくれない、ミルク飲んでくれない、言うこと聞かない……。

動物の赤ちゃんは生まれるとすぐに、自力で歩き始める。でも人間の赤ちゃんはできずに親の手をやかすけど、それはなぜでしょうか？　それは手をわずらわすことによって、実は親を「親」として育てているのです。

えっ！　母性は本能ではないの？　とつい思ってしまうけど、母性ばかりか父性、さらには祖父母性（こういう言葉があるかどうか分かりませんが）までも、赤ちゃんや子どもに関わることによって育てられるんだってさ。

まだ言葉も獲得していない赤ちゃんが、泣き声一つで、これはおしめ、これはお腹が空いた、今度は眠い、と親に学習させるわけだから、赤ちゃんの力って偉大だ。

わこう村ガイドブック表紙

偉大といえば赤ちゃん時代ばかりじゃない。その後の「子ども時代」だって反抗期なんか来ちゃったりして、腹が立つくらいの自己主張をぶつけてきたりする。産んだからには責任があるからと頑張ってみるけれど、なかなかてごわい。でもそのてごわさがあるからこそ、私たち親も実は育っていることを、二人目、三人目を育ててみて実感する。

このように、私たち大人を親として育ててくれるかけがえのない子どもたちだけれど、この子どもたちは大人になるまでに、どんなみちすじをたどって成長していくのだろうか？

私たち人間は、大人になるまでに目には見えないけれど、六回の脱皮（今までなかった力が湧いて出てくる）があることが分かってきた。

**第一の脱皮**（新しい力の誕生）は、生後三〜四ヵ月頃に起こる。これはそれまでの原始的な反射が次第に衰え、脳の命令によって動く活動の芽が現れてきたということ。音のするほうを見る、動くものを目線で追いかけようとするなどの力だ。ちょうどこの頃、思わずかわいい！　と言いたくなる「天使のほほ笑み」も現れる。

続いて**第二の脱皮**は、一歳前後に見られ、二本足で直立し、歩行するという、他の動物では見られない「人間としての力」が獲得される。二本足で立つということは、手が自由になるということであり、そのことは自分の周りの世界を知る道具が増えたことになる。また、背骨の上に脳がどっしりと乗ることによって安定し、その後の脳自身の発達にも大いに役立つことになる。

続いて**第三の脱皮**は、二歳〜三歳の頃始まる第一反抗期として現れる。これは、言葉の獲得を武器にして自分づくりが芽ばえてくることであり、「私」という世界を拡げに拡げていく。だから自分の気持ちが通じないと面白くないわけだ。物を分ける時も、自分の分け前を最大にして、残りがあったら周りにわける。できないパジャマのボタンも自分でしたい、まさに「ごねの二歳児」というわけ。でもこの大きく膨らんだ「自我」も、実は次の力を生み出すために必要な、大事な大事な財産になるのだ。ごねが出たらしめた！　なのだ。

第一反抗期をくぐり抜けた子どもたちは、自分中心の考え方から少しずつ抜け出して、周りの仲間との関係を太らせ始める。

四番目の脱皮は、四歳半～五歳半の頃やってくる。この新しい力は、自分と周りの関係が、頭の中で整理され始まる力だ。この力が湧いて出てくると、自分を真ん中にして、上とか下、右とか左、前とか後ろ、早い遅い、重いと軽いなどの関係が次第に分かるようになる。これはそれまで好きか嫌いかといった二者択一の○か×だった概念に、中間の△の概念が加わったわけで、嫌いだけどちょっとだけ好きなんてことも言えるようになる。描く絵の中には下の絵のように、地面の上に立っている自分がきちんととらえられ、自分より上という意味のシンボルの太陽や地面の下を描きたくなるし、横向きの顔とか後ろから見た○○ちゃんの顔なども描けるようになる。

この力は、仲間との関係が分かってくる力だから、みんなでルールを決めて、ドッチボールをするなんて活動にもつながっていくし、この発達の初期の四歳半～五歳の頃は、見られている自分が分かり恥ずかしがったりして、照れの四歳児とも言われる。

しかしこの時期は知ってる言葉も増え、仲間との関係がうれしい時期なので、やかましい位のおしゃべりや、自分に注目してもらいたい、認めて欲しいなどから「おどけ」が出たりもする。しかし後期ともなると逆に見られている自分への意識が、見せようとする力へと発達していくので、見栄えなども気にするようになる。

---

またこの**第四の脱皮**の力は、時間の流れも整理が出来るようになるから、これまでだいぶ前の出来事でも「昨日~した」と言っていたことが、昨日が昨日、明日が明日のこととして話せるようにもなるからすごい。

ちょうどこの頃、文字や数に興味をしめすのも、形や量の概念が発達の上で分かってくる時期だからであり、字を反対向きに書くいわゆる鏡文字は、まだ空間認識に矛盾が残っている年という意味で、この年齢の発達においてはむしろ素直な表現ということになる。

こうした矛盾した表現は、この他にも例えば絵の中で足がやたら長かったり、木の実を採ろうとする手が五メートルも伸びたりになるけれど、矛盾をなんとかつなぎ合わせようとする努力の結果そのものだ。

この第四の発達の力は、その後三~四年かかって、横に大きく太ると言われていて、小学校三年生位までを、幼児期としてくるほうが、発達の立場からは正しいわけだ。

**第五の脱皮**は、子どもの心から大人の心へと脱皮をする出発の年と言われる九歳の頃だ。この九歳は、「脳が思考をぐぐらす」ことを始める年齢ともいわれ、描く絵も大人が描く絵＝写生が出来る絵＝に変身する。天才画家の山下清は、この九歳の発達の壁が、越えられなかったと言われている。

この第五の力は、心が大人に向かっていく出発点だ。実は身体の発達はこの後の第六の脱皮で起こるのだけれど、最近子どもの身体の成長が著しく、九歳の心の転換と同時に身体の転換が始まってしまうという話が増えてきている。

心が転換するまだ不安定な時期に、初潮も迎えてしまうなどで、つまづく子どもが出てきている。「九歳の壁」という言葉が、発達の本に書かれているけれど、壁を必要以上の高さにしないためにも、早く早くと急がせるより、その時その年齢の発達を大切に支えてあげることが必要だ。

**第六の脱皮**は、子どもの身体から大人の身体へ変わろうとする思春期だ。九歳頃から蓄えてきた心も、大人の心へとコペルニクス的大転換のヘンシーン！　をするときがやってくる。六回の脱皮の中でも最大の変化であり、目で見ても分かる程に身体つきや声も変わり、新しい自分が生まれる位の大・大事件なのである。

ところで新しい自分が生まれるということから、この年頃の若者は「生」の向こう側にある世界（生まれる前の世界＝向こう側＝死）に近づきたくなるのだそうだ。バイクをぶっとばしてみたくなるのも、自殺の衝動に駆られるのも、新しい自分をもう一度生み出すお産の陣痛なのかもしれない。

さて、余分なことまで書いたけれど、ここで大事なことは、人間（ヒト）として成長発達していくためのこれら六つの新しい発達の力のうち、四つまでもが就学前の乳幼児期に集中しているということだ。

ところで私たち人間の命は、四〇億年の生命の歴史を抱え込んだものだと言われている。水やドロンコ遊び、野山の緑やたき火に心がなごむのも、遺伝子にしまい込まれた遠い生命の先輩たちの経験の積み重ねがあるからだ。

子どもは人間の歴史のもっとも進んだ文化の中に存在しながら、歴史の過程で発展させてきた大人の活動を再体験しながら、人間的・文化的に育っていくものだと思う。文化の最先端にいながら、それ以前の人類のやってきたことに学ぶことによって、大人になったときには、さらに文化を発展させる担い手になるはずだ。

---

育ちのみちすじの節目、節目に、今までになかった力が私の中に湧き立ってくる。それは、外から操作して変化させたものではなく、親から授かった遺伝子情報に書き込まれた育つ力に、環境がスイッチを入れてくれて、正に湧き立つように表出してくるのです。育つ力は、私の身体の中に内包されたものですが、同時に私一人の力だけではどうすることもできない力でもあるのです。お母さんをはじめとする周囲との関わり、応答し合う関係が育つ力にスイッチを入れてくれているようなのです。オオカミに育てられたアマラとカマラが、人間のＤＮＡを受け継ぎながらも、ついに人間にはなれなかったことも、周囲と応答し合うことの内容の質や、手応えの質がとても重要である

ことを教えてくれています。人間は、関わり合いを通して育つもの、関わらないと育っていくことができないということです。

そこで、改めて、そもそも「人間」とは何だろうか？　を考えてみたいと思います。

## 「なつかしさの景色」に埋め込まれていたもの

和光に見学に来られた方や、和光の子どもたちの写真集『風のわらべ』（高橋あつこ　冬青社　二〇〇五）を見た人が、「なつかしい」「自分の子どもの頃を思い出す」「昭和三〇年代の景色やにおいがある」と言われます。韓国やタイからみえた大学の先生も、同じようなことを言われて、共通の子どもの原風景があることをそこで知るのですが、それくらい、日本に限らず他の国の社会も子どもも、変わってしまった（よくなったのではなく、悪くなった）のです。

見学者が言われた昭和三〇年代（五〇～六〇年前）の子どもたちは、手加減などしてくれないありのままの自然が遊び相手でした。いたずらや悪さもたくさんしたギャングエイジですが、群れの中で、年下は年上の人たちの一挙一動を見てあこがれて真似て、年上は年下の面倒もみたけれど邪魔者扱いもしたし、時にはいじわるな試練も与えたのでした。でも、年下はそれにひるまず必死にくらいついて、一緒に居させてもらい、混ぜてもらい、自分の能力に合わせて、あるいは少し背伸びして挑戦し、真似をしすぎては怪我もし、そこから遊びの醍醐味をたくさん受け取り、感じ取っていたように思うのです。

また、生活を支える道具立ても、今日のような自動化されたものがほとんどなくて、手仕事に頼っていたので、子どもの手でもなんとかしたがえて、よく仕事を手伝わされました。私の場合は、父が生活の足しにと始めた養鶏の餌当番や採卵を頼まれましたし、薪で沸かす風呂炊きは小学生でも私の責任でした。薪は太いままだと火が点かないので、薪割りもしなければなりませんでした。とげが刺さったり、薪がはねて怪我もしました。おつかいもよく頼まれました（買いに行ける距離にお店がありました）。たまに褒められてお駄賃がもらえると、それがうれしかった時代でした。このような第一次産業の手仕事が中心の時代は、子どもでも引き受けられる仕事があり、させられ手伝うことで家族の役にも立てて、家族の一員としての所属感や貢献感もあり、家族が向き合えていたという生活実感がありました。

幼少時代の筆者

そのようにして、大人が自ら生きて見せてくれる生き方や、物や道具の性質や扱い方を、知らず知らずのうちに子どもは見ている、やったことがないのに見て知っている、触ってみる、隠れて使ってみる、真似てみる、そして、怪我もしながら次第に身体の一部としてなじんでくる、身体が覚える（身体性が身につく）。そうやって、真似て手伝って大人の手仕事を少しずつ身につけながら、任されることが一つ増え二つ増えて、家族や地域の役に立つことが増えてくる。そして半人前から少しずつ一人前の大人の領域に近づいていく、認められる存在になっていくということでした。そういう時代だったからでしょうか。保育園や幼稚園は逆に当時の世間の生活では行き届いていなかった、文化や教養を育むことに、一つの価値を見出していったのではないかと思うのです。そして、そのような志向性は時代が動いても検討されることなく踏襲されて、今日に至っているところが多いように思うのです。

しかし今はどうでしょうか？ 文化・教養は世間にむしろあふれるほどいっぱいあるのです。逆にかつての世間にあった自然を相手に遊んだり、大人の生活文化の周辺に混ざって、真似たり手伝ったりして出会う経験がほとんどできなくなってきてしまったのです。本物（大人の生き方も含む）に出会う、本物に触れる、慣れて次第に自分のものとしてなじんでいく、そのような身体的経験が今ほとんどできなくなってしまっているのです。ままごとはできても、本物の包丁を使うことは、危ないと遠ざけられてしまうのです。つまり、子どもの力量が理解されないまま、言葉は悪いのですが、大人の勝手な思い込みで手加減された、子どもだましのようなものが適当とされて、人間や物の奥深さに出会いにくくなっているのです。

見学の方たちが、私たちの園の景色に「なつかしさ」を憶えたのは、子どもの遊ぶ姿だけでなく、大人と共に生活しながら、共に生活を創り出している身体性やリアリティーが実感として感じ取れたということなのかもしれません。それは、逆の見方をすれば、現代は、身体性やリアリティーから遠ざかってしまっている時代／社会なのです。

かく言う私たちも、開園以来そうした保育をしてきたわけではありませんでした。

1章

# 子どもが主人公になる保育への転換

## 保育見直しの中の私たちの葛藤

## 園のなりたち

私たちの園は、今から五八年前、昭和三二（一九五七）年の四月に、当時お寺の副住職だった私の父が、地域の役に立ちたいと始めた保育園です。三二歳の父でした。園舎は、明治三〇（一八九七）年建設という兵舎の食堂を払い下げてもらって移築しました。まだ戦後の復興期にあって、解体した材木を野積みしておくと、誰かが持っていってしまう時代だったそうです。今日のような高速道路があるわけでなく、道もじゃり道だったので、片道五〇キロの道のりでも、トラックに積める分を解体しては積んで運ぶをくり返したことは、それだけでも相当の苦労があったであろうと想像しています。

資金があって始めた保育園ではなかったので、母は保母を、祖母は給食を手伝い、頂いた給料を返済にあてて頑張ったと、私が保育園を手伝うようになった時、父が話してくれました。こうして始まった保育園で、最初の二六年間くらいの保育を父たちが中心で引き受け、その後を私たちが、次の世代として引き受けることになりました。

兵舎を再利用した園舎でしたので、私たちに保育が任されるようになってから、少しずつ改良の手を加えました。コンクリートのテラスに、すのこを渡り廊下として並べていたのを、部屋の延長のように板張りにして、縁側として使えるようにしました。また、担任がクラスのすべてを引き受けて、「一人で抱え込んでしまう保育」から抜け出せないかと考えて、クラスをもっとオープンにしたいと思いました。しかし、意識の壁はなかなか壊せませんでした。そこで、それならとクラスを仕切る壁に、くぐりぬけられるような穴を開けたり、それぞれの部屋に中二階を作って、部屋同士をつなげてみたりして、いやがおうでも子どもが出入りしてしまう改造もしてみました。また、お昼寝の蒲団をしまう押し入れが欲しくて出窓にしたら、その高い床が子どもたちの大好きな遊び場になったので、それならと、そこをさらに広げてみたりと、生活しながら、いたずらも試みながら、より生活しやすいようにと、環境を変えていく面白さを、たくさん経験させてもらった園舎でした。

兵舎を再利用した旧園舎

　ところが、雨もりが始まりました。ずれた瓦は直せば止まると、晴れると私が屋根にあがって瓦を直しては、雨もりを楽しんで過ごしてきたのに、瓦のずれはどんどんひどくなり、雨の日の部屋は、バケツやたらいでは対応できないほどになりました。また、地震への不安も高まって、ついに、平成一三（二〇〇一）年に施設整備を決断しました。しかし、雨もりするくらいにちょっとぬけている、たよりないくらいの園舎は、緊張感がなく、好きなように改造や、素人の日曜大工の延長で修理にも出番があって、子どもたちも手伝ってくれる。それが子どもたちとの生活の一部になったりと、居心地のよさといったらこの上なく、みんなのお気に入りになれていたことが分かりました。そこで、立派に建て替えるのではなく、「昔からここにあったような建物」にしたい、「不完全さを残しながら、子どもたちと生活しながら保全していけるような環境」にしたいと、旧園舎の半分以上を大規模修繕して残すことにしたのでした。

## 築一二〇年の園舎の力

ここに来ると、「居心地がいい」「時間がゆっくり流れている」と外から来られた方によく言われます。一二〇年の人間の営みを刻み込んだ園舎が、そうした環境を演出する大きな力になっていることは間違いありません。九九年経つと、物には「付喪神（つくもがみ）（九十九神）」が付くという話を、最近知りました。付喪神とは、長い年月を経て古くなったり、長く生きた依り代（よりしろ＝憑依物としての樹木・岩石・動物など多種にわたる）に、神や霊魂などが宿ったものの総称で、荒ぶれば禍をもたらし、和《な》ぎれば幸をもたらすのだそうです。子どもの元気な声を毎日聞いて、荒ぶれるはずがないのです。お寺で始めた保育園だからというのではないのですが、日本人は生活のあらゆるところに神様の存在を意識しながら、暮らしを守ってもらってきました。そのことを、子どもたちにも伝えたいと、ガチャポン井戸の脇には井戸神様、台所には火伏の荒神様、外トイレには絵本『三枚のお札』にも出てくる便所の神様がいてくださったりして、人間ができることはみんなの知恵で乗りきり、できないことは神様にお願いして守ってもらう。そんな暮らしの中で、子どもたちと大人たち（保育者と親と）の日々の葛藤を楽しみとして、共に過ごさせていただいています。

さて、そろそろ六〇年の節目を数える保育園ですが、父の時代（約二五年）を「第一世代」、その後を受けて、息子の私の世代が取り組んできた三五年を「第二世代」とすると、この本を通してみなさんに語りかけたいのは、「第二世代」の三五年間の試行錯誤と、第三世代へ移行が始まった今現在の生活物語ですが、本編に入る前に、「第二世代」の試行錯誤が始まるきっかけになった話に、少し触れておこうと思います。

「第一世代」の昭和三二～昭和五七（一九五七～一九八二）年頃は、戦後の復興期から抜け出して、日本の経済に活力が生まれ始めて、高度経済成長へ向けて走り出し、そして突っ走った時代です。物のなかった時代から物があふれる時代に大きく様変わりをした時代の中にいます。サラリーマンが増え、若い人たちのアパート暮らしが増え、核家族化が進みました。競争社会、能力主義に価値が向いて、生産力を高めるため無駄を削って、効率化や合理化が社会の目標になりました。これまでの、人間と人間が豊かに関わり合いながら、それまでの生業を、代々引き継いでいくという経済では成り立たなくなって、社会が大きく変わっていく一方で、人間と人間が向き合いづらくなった社会、人間として育ちづらい社会の始まりがそこにあります。そんな時代だったからでしょう。第二世代を引き継ぎ始めた私たちにとって、気になってきたことがありました。

## 子どもが何かおかしい

保育園といっても、田舎のことですから地域の人たちは「幼稚園」と呼び、三時半ともなると親に代わって祖父母が迎えに来てくれるような時代でした。保育室で一斉に「さようなら」をして、門の外まで連れていくと、お迎えの人が待っていて引き渡しをします。ですので、お家の人は、行事でもない限りは、園内に入ってくることはありませんでしたし、邪魔になったらいけないと遠慮もしてくれていたように思います。そんな時代にあって、地域の人から「しつけは和光」という看板を頂いていた保育園でした。お寺の保育園という期待もあったのでしょう、それに応えてさらに磨きをかけたこともあったでしょう、「挨拶がしっかりできる」、「行儀がいい子」と褒められました。

しかし、第二世代の私たちにとっては、その「お行儀のよさ」に子どもらしさが感じられなかったのです。それだけではありません。指示がないと動き出せない「指示待ち症候群」の子どもたち。砂が握れない、裸足になれない「潔癖症風母親背後霊症候群」の子どもたち。これやってもいいの？　といちいち聞きに来る「許可待ち症候群」の子どもたち。これしちゃだめなんだよね、とわざわざ確かめに来る「よい子装い風自信不足症候群」の子どもたち。雲は氷の集まりなんだよね、虹は水蒸気に光が反射しているんだよね、なんて、まだ知らなくてもいいような知識はいっぱいためこんでいるのに、不器用ですぐに転んだり怪我をしたりの身体性を欠いたリアル感のない

「頭でっかち理屈屋症候群」の子どもたち。一緒にやろうと誘っても、面倒くさい、面白くないと、無気力無関心。あきっぽくてすぐ疲れる、雑巾がしぼれない、箸が使えない……などの「心と体が虫歯症候群」と、面白おかしくもじって命名したくなる（失礼）ほどの子どもたちでした。しかしこうした姿は、私たちの園だけの珍しさや気がかりではありませんでした。中学・高校に至るまで、当時全国の子どもたちに共通して現れた姿でもあり、社会の話題にもなったほどです。

こぼれた食べ物を「もったいないからフーフーして食べな」と言った時代から、「汚いから食べちゃダメ！」に変わったことに象徴される、時代が育てた子どもたちだったと思うのですが、そうした子どものおかしさを目の前にしながら、そこにまだ向き合えていなかった保育の現実がありました。私も含めた若手の何人かの保育者が、そうした第一世代の保育観の中での保育を、五、六年経験して過ごしました。でも、その間に「子どもらしさを取り戻したい」という気持ちが少しずつため込まれていったように思うのです。

# 1 保育者主導の指導計画への疑問

## 保育者が設定した保育に付き合ってくれた子どもたち

時計を、私たちが保育の見直しを始めた昭和五七・五八（一九八二・八三）年に戻したいと思います。平成元（一九八九）年に改訂された幼稚園教育要領や、翌年続いて改定された保育所保育指針から五領域になりましたが、以前は六領域でした。多様な取り組みがあったと思うのですが、うちの場合は、当時は月曜から土曜まで六日なので、たとえば月曜は「言語」、火曜日は「自然」、水曜日は「絵画制作」……と一つの領域を一日の中心主題にして、保育者が「子どもに経験させたい活動」を、午前中の一定の時間に組んでいくと、一週間で全部の領域がこなせるというやり方をしてきました。けれど、四〇〜五〇分の時間の中でたとえば絵画制作などすると、早い子はどんどん先にいくけれど、ゆっくりな子は時間内では終われないのです。続きはあとで……としたら、「あとで」に付き合うのはこれまた大変で、ついつい仕上げを手伝って、時間内で全員を合わせて終わりにしてしまいたくなる私がいるのです。

そんな中、今日は保育が計画通りうまくいくという日がありました。しかし、それでも、予定の課業が終わった途端に「外へ出て遊んでもいい？」と子どもたちは聞きにきて、「いいよ」と言うとワーッと外に飛び出していくわけです。

子どもたちのためにと立ててきた指導計画なのに、それは保育者の独りよがりの自己満足だったのではないか。ひょっとしたら子どもたちのほうが、保育者に合わせてくれた？　付き合ってくれていたのではないか？　と思ったら、居ても立ってもいられなくなりました。

## 保育目標と実際の保育のちぐはぐさ

子どものために、と言いながら、実は保育者の都合が優先していることがたくさんありました。たとえば当時の保育目標の一つに、「最後までねばり強くやりとげる子」がありました。ところが、実際にはそれがまったく逆で、「最後まで粘り強くなんかさせないぞ」という日課になっていたのです。

それは、午前中だけでも片付けが四回もあったのです。以前は家庭の生活も今日のように多様化しておらず、朝は八時三〇分くらいになるとほとんどの子が登園を済ますことができました。そこで、外には出られないけれど、室内で自由に遊んで待つことで始まる朝でした。みんながそろうと、「朝の集会」のために本日第一回目の片付けが始まります。片付けが済むと、朝の会の最中に

「トイレに行きたい！」が始まると（保育者が）困るので、（行きたくない子も）一緒にトイレに行きます。おしっこが出ない子はトイレで時間つぶし（済ませたふり）をして帰ってきたようでした。そして朝の集会が終わると、やっと外に出ることが許されて、天気のよい日は外で遊びます。外で三〇分も遊んだでしょうか、すると「お片付け」を知らせる曲が流れます。当時、音楽情操（？）も大事と名曲を選んで、朝の片付け、お集まり、昼食、お昼寝など、生活の節々に音楽を流していました。この時のお片付けは『口笛吹きと子犬』という曲だったことを、三〇年経った今でも覚えています。余談ながら私が高校の頃、学校のあった市のごみ収集車が、テープの延び切ったベートーベンの「エリーゼのために」を流しながら走っていました。それ以来、あの名曲も私の中ではごみ収集と結びついてしまっています。一所懸命考えてやっていたことですが、名曲と片付けが結びついて刷り込まれていく怖さに、その時はまだ気づけていませんでした。

　外での自由な遊びの終了がこうして告げられて、本日第二回目の片付けが始まります。それが終わるとみんなで体操をします。体操が終わると、保育者が今日

保育見直しに取り組む以前。発表会のひとコマ

の保育として立てた日案の活動（保育者の設定準備した保育）がそのあと始まり、終わると第三回目の片付け。時間があればその後自由な遊びが許されますが、遊び始めるとすぐに「お昼だから片付けて入ってきて」と、四回目の片付けがうながされてしまうわけです。つまり、遊びが盛り上がってきたかなーと思うと片付け、また盛り上がってきたかなーと思うとまた片付けの時間が来て、「粘り強く最後までやりとげる」という目標とはちぐはぐな日課になっていたのでした。

ちぐはぐさは、他にもありました。「みんな仲良く」「いつも明るく元気な子」という目標も、私たち大人でもできないことを、子どもには「みんな仲良くでしょ！」と理想を押し付けるのです。「いつも明るく元気な子」だって、たとえば昨夜遅く就寝して、朝眠いのに無理やり起こされて、気持ちを立て直せずに園に来たらどうでしょう。一日ボーッと過ごしたいかもしれません。思うようにできなくて、落ち込む時もあるでしょう。家族で出かけて、疲れて何もしたくない日だってある。気の乗らない時だってある。そう考えれば、いつも明るく元気でいられたら逆に気持ち悪いわけです。それなのに、目標には大人でも叶わない聖人君子のような理想を掲げて、そこに子どもを押し付けていくのは、やっぱりおかしいということも見えてきました。

## 子どもが子どもらしくしている時

そこで改めて、子どもが子ども本来の姿を表現して、目を輝かしている時って、どんな時だろう？　と保育園の一日を観察してみたのです。すると、自由に遊んでいる時間、つまり自分で仲間を選び、場所を選び、時間を仕切って遊んでいる時に、その子のありのままの姿の多くがあることが分かりました。さらにその遊びを丁寧に観ていくと、私たち保育者が午前中に「設定保育」として取り組んでいた保育と同じような遊びを、子どもたちは自由な遊びの中でも結構しているのです。夏のある日には、咲いたあさがおの花を摘んで色水遊びでお店やさんごっこをしたり、しゃぼん玉を作って遊ぶ遊びが結構見られたのですが、それをわざわざその自由な遊びから切り離して、設定保育として保育者が仕切り直しているのでした。

当時の指導計画は、保育者の想いが前面（全面）に出て、子どもたちの遊びや生活、興味・関心との脈絡もなく、突然のように保育者の提案から始まり、保育者のしたい想いに向けさせよう、引き込もう、引っ張ろうとするから、どうしても保育者主導になる。そして子どもはそれに従わせられる、付き合わされることになる。わざわざ遊び直す遊びというのもおかしいし、それはやっぱり見直さなければいけないことなのではないかと思ったのです。このことから、私たちの準備した「設定保育」は、子どもたちの自由な遊びに対して「不自由遊び」だったのではということに気づきました。

## 「遊び」とは何か？

遊びってなんだろう？　と改めて考えてみなければならなくなりました。これまでの指導計画を広げてみると、砂場遊び、粘土遊び、リズム遊び、運動遊び等々と、あらゆる活動に「遊び」という言葉をつけて使っています。この場合の「遊び」は、保育者が指導の手立て・方法としてとらえた活動をさしていました。この「〇〇遊び」と、いわゆる「遊び」は同じなのでしょうか。

ところで、群れて遊んだ経験を持っている大人は、子どもは遊びながら育つとか、遊びの中でたくさん学んできたという言い方に、すとんと落ちるのではないでしょうか。それは、事実そうやって自分も育ってきたからなのでしょう。でも、この「遊び」には、いちいち大人は介入してきませんでした。いやむしろ、子どもはそういうものだと放っておかれたのではないでしょうか。だからこそ、子どもは子どもだけの力で遊びの世界を創り出し、取り仕切り、どうすれば楽しくなるのかの知恵を働かせてきた、それが本来の「遊び」だったのです。

そこで改めて、「遊びとは何か？」を、子どもが育ってきた「遊び」を手がかりに私なりに整理してみると、

・「遊び」は、遊びそのものが楽しみであること。その楽しみのためにするのが遊びであり、何か別の目的のためにするものではないし、目的があったとしてもそこに向かって夢中になるプロセスそのものが楽しみであるということ。
・遊びは大人社会の模倣（写し鏡）やあこがれている世界をイメージモデルとして、そこに自己を投影して自己実現していくものであること。

そのためには、

・子どもが子ども自身でその場の時間や空間や仲間との関係を仕切れる（主人公として生きる／決める）ことが大事で、大人が管理したり、その指導のもとに行われたり、指示されてやるものではないということ。

・子どもの周辺に、子どもが真似てみたくなるようなあこがれ大人モデル（職人技や職人気質＝本物のかっこいい大人）や、ファンタジー、冒険物語があること。

となるのではないでしょうか。

さて、そこで保育の中で行う「○○遊び」ですが、遊びの内容を保育者が管理・指導するものとしてとらえているとしたなら、遊びという名前はついていても、それは本来の「遊び」とは本質的に違うものだということになってきます。

それなのに保育者が、指導計画で設定した「○○遊び」を、遊び本来の「遊び」と同じ意味にとらえて無自覚に使い、その中で何かを学習させようとか何かを育てようと考えると、とたんに遊びがその本質を離れて、子どもの自由な発想・魂（たましい）が束縛を受けてしまうことになってしまうのです。

それゆえに、子どもは（保育者の用意した）保育が終わったとたんに、「外へ出て遊んでもいい？」と真っ先に聞いてくる。「遊び」が本来の活動ではなくなってしまうことを、子どもは素直に表現してくるのです。

子どもが自分で時間や空間を仕切って夢中で遊べていることに、「遊び」の本質がある。ひっくり返していえば、「遊び」が本来の「遊び」として取り組まれていれば、そこが、子どもが自分を自分らしく素直に表現できる場になれているということであり、そのことに価値があるのではないか。だから、「遊び」がなくなったり、遊べない状態になっている、あるいは子どもが自らを主人公として生きることができないでいるとしたら、それは「子どもが子どもとして（人間らしくして）いられなくなっていること」であり、それは子どもにとっての危機なのだということです。

愛育養護学校の元校長の津守眞さんは、『保育の体験と思索』（大日本図書　一九八〇）の中で、遊びについて次のように語っておられます（四頁、傍点は筆者による）。

「幼児が自分自身を打ちこんで、ひたむきに遊ぶ姿を生み出すところに、保育のはたらきがある。ひたむきに遊ぶ幼児の姿には、大人を魅きつける力がある。このような遊びの具体的内容は、多くの場合、あたりまえの、ごたごたした行動にすぎないので、幼児教育という正規なコースを考える時には、そういう価値を認められないことが多い。しかし、遊びの中で養われている諸能力には、他のいかなる方法による教育活動におけるよりも、大きなものがある。また、その中で人間の生涯を通してつづく、人生の基本的経験が養われている。

しかし、それらの機能よりも、幼児が楽しく遊ぶこと自体が価値であり、そのような幼児を常に傍に持っていることは、大人にとっても喜びである。むかしから、子どもは遊ぶことによって、人間となってきた、現代においても、遊ぶ姿を実現することは、保育の中心課題である」

## 保育園の一日はこのように過ごします(平日)

7時
朝の時間外保育
8時
登園
9時
視診
遊び
10時
11時
12時
昼食
13時
午睡
14時
15時
遊び
おやつ
遊び
16時
降園
夕方の時間外保育
17時
18時
19時
時間外保育終了

門が開きます。一日の始まり。
「おはようございます」いろんな顔が飛び込んできます。
一人ひとり心や身体の健康状態をチェックし、
家庭から保育園へバトンタッチ。 連絡帳も見ます。
遊ぶ時間はお腹がすくまで。

3歳未満児には牛乳・ジュース等飲み物が出ます。
食事に前に部屋を雑巾がけします。初めは保育士が
次第に子ども達の手で行なわれます。
11時を過ぎ 各年齢で食べ始める時間が違います。
天気の良い日は外でも食べます。
食事が終わったら、静かな遊びを考えます。
トイレは行きたい時に行きます。
でもやっぱりお昼寝の前は‥‥‥‥‥ネ。
保育士の子守歌を聴きながら昼寝をします。
10月以降は年長・年中児は遊ぶ時間になります。
着脱も大事な仕事。自立するまでじっくり取り組みます。
おやつはやっぱり待ち遠しい!
子ども達の手作りおやつも登場します。
一日に一度は皆で集まる会(帰りの会)をして、歌を
歌ったり今日遊んだ事、明日の事などを話合ったりします。
「さようなら」「またあした」
お家の人の都合でお迎えが4時以降になる子ども達は、
当番の保育士と遊びながら待ちます。

子どもが、子どもとしていられることが何より大事であり、そのためには「遊び」という「場」が必要なのではないか。そこで、午前中はお腹が空くまで遊ぶ（子どもらしい表現をしていられること、そして満足するまで遊ぶ時間の保障をする）ことにしました。そして、その自由な遊びの中にこれまでの「設定遊び」でしてきた内容を一つ下ろし、二つ下ろししてみると、避難訓練や当番活動などを除けば、ほとんどのことができそうだということが見えてきたのです（資料「保育園の一日はこのように過ごします」）。

## 遊んでばかりでいいの？

しかし、「遊びを主体とした保育」に目標は定まったものの、これまでの指導計画に添って進められてきた保育と比べると、保育者の思いや願いを、どう子どもたちに伝えていくのかなどのイメージもまだ描ききれないまま、「子どもが、遊びの中で子どもらしく輝いていること」の事実を頼りに始めた保育でした。

「子ども一人の人間として主人公で生きる保育」がしたい。遊びが大事なのは分かったけれど、遊んでばかりでよいのだろうか？　このように当時の私たちでは誰にも分からない、新しい保育観への切り替えは、ずいぶん乱暴なチャレンジで、精神的にも結構ハードな葛藤の日々が始まりました。保育者からは「分からないから副園長（私・当時）教えて！」「イメージをもっと具体的に、分かるように語って。みんなを引っ張って！」と何度も言われました。

私「語りたいけれど、私も説明できる言葉がないんだよ」
保「副園長が分からないのなら、私たちはもっと分からないですよ」
私「つらいけれど、たいへんだけど、一緒に探そう、一緒に考えよう」

そんなやりとりを何度くり返したことでしょう。

しかし、保育者のしたい保育に付き合ってくれていた、合わせてくれていた子どもたちのけなげさに気づいてしまった以上、もう後戻りできませんでした。

副園長の私も分からない。それは答えられない苦しさでしたが、実はそれがよかったのではと、後になって分かりました。というのは、副園長として引っ張ると、それにみんなが頼るという関係になりやすく、それだと副園長が考えている程度のことしかできないからです。

しかし、あきらめずに続けられたのは、園長や主任の世代交代の時期がちょうど来ていて、まさに先輩から与えられた保育ではなく、自らも保育者として「考える保育」「選び取る保育」を実現して、自分たちも学びたい／育ちたい「若さ」がそこにあったからです。

## 「意欲」のつながりに気づく

お腹が空くとお昼ですが、どこで遊びを切り上げるかも、時間でパッと区切らないで柔軟に考えられたらと思いました。お腹が空いたので早く遊びを切り上げてお昼に向かう子。お腹は空いたけれどもう少し遊び続けたい子。遊びの続きがしたいからと、食べ終わって遊びに戻ってくる子。

と、さまざまな子どもの気持ちが同居する時間がそのイメージです。

ところで、縄跳びができるようになったり、自分の考えを皆に伝えることができるようになったり、遊びの手応えから新たな挑戦が始められたり、遊びに意欲が芽生えたり膨らんだりすると、今まで嫌いで食べられなかったものにも挑戦してみようとするなど、遊びの意欲と食欲は密接に関係していることにも気づけてきていました。そこで、遊びの満足感や達成感も保障しながら、食事に移っていける、あるいは食べ終わったら続きの遊びに戻れたらいいねということになりました。そこで、みんながそろうまで「いただきます」や「ごちそうさま」を待たせるよりも、「食べる意欲」「遊ぶ意欲」を支えることに大事を置いて、遊びから食事への切り替えの時間に、選択の幅をもたせて子どもの判断を見てみようということになりました。

### 「まだお昼食べないの？」の失敗事件

ところが失敗事件は、その切り替えを始めた頃に起きました。みんながご飯を食べ始めているのに、まだ遊んでいる女児のじゅんちゃん。ほとんどの子が食べ終わっているのに、食べる気配がなくて、保育者はまた声をかける。

保「まだ食べないの？」

子「いい」

保「他の子はみんなお昼が終わってお昼寝だよ」

子「いい」……と。

クラスの仲間がお昼寝から起きても、まだ遊び続けるじゅんちゃんでした。結局その日はお昼を食べないまま、おばあちゃんが迎えに来る時間になってしまいました。事の次第を話して、おかずを持たせて帰しました。何がいけなかったのか、何がそうさせてしまったのか、子どもが帰ってから急きょ保育者を集めて考えました。そして気づいたのは、何とか食べさせたいの一心で、保育者の願いにじゅんちゃんを引き寄せようとしていて、声をかければかけるほど、意地を張らせていたことが分かったのです。子どもに任せると言いながら、まだこちらの都合で食べさせようと仕向けていたのではないか。子どもを信じて最初から判断を任せたら、意地にならなかったのではないかということでした。そこで、次の日からは、じゅんちゃんに限らず「それが終わったら上がっておいでね」と声をかけてみることにしたのです。そうしたら、ものの五分と経たないうちに、それぞれが「よし！」と言って、遊びを切り上げてくることが分かったのです。もちろん、切り上げの理由は前述したようにさまざまです。

実は、遊びからお昼に移るタイミングを子どもに選ばせる取り組みを、食欲の観点から県の研究大会で発表したのですが、助言の先生からは、「この園の躾はいったいどうなっているのか」「食事はそろって、一緒にいただきます、ごちそうさまをするものです」と、厳しく指導されてしまったのでした。発表の保育者も、これに対して当時はまだ反論もできなくて「くやしい！」と帰ってきたことがありました。どこに価値を持つかが重要ですが、二者択一でどっちという話ではなく、私たちは意欲を支えることに重きを置き、その中でそろって挨拶するかどうかはさておいて、マナーも子どもたちと一緒に話題にしていくということにしたわけです。

## 2 子どもを主人公にした保育のイメージを共有する作業

見直しを始めた時はまだ昭和（一九八一年頃）で、保育所保育指針も今のように、子どもが主人公として生きることを支える保育に改定する前でした。なので、情報も少なかったし、私たちの不勉強も手伝って、あこがれとする保育モデルになかなか出会うことができませんでした。

子どもがその子のありのままの表現をしている。そのためには、子ども自身が時間や空間そして仲間との関係を、自分で選べ、仕切れて遊んでいられることが大切ととらえたけれど、子どもたちとどう向き合えば、それが支えられるのだろう？　どこかにモデルはないのかと探し始めた時に、『これからの保育』シリーズ六巻セット（フレーベル館 一九七八）と出会いました。「遊び」とは何だろう？　「自由」とは？　「生活」とは？　「課題」とは？　「集団」とは？　そして「総合」とは何だろう？　と、まさに私たちが知りたいことがそのまま本のテーマになっていました。この本は実践が事例として多く紹介され、その事例を巡って、六冊の本を分担された著者の先生たちが座談会をしてくれるというものでした。

私たちにとって実践も新鮮だし、その実践について一人ひとりの先生たちが語ってくれる話に引き込まれ、園内研修で読み合わせ、それぞれが関心を持ったことを種に話し合いました。本当に不勉強で、特に私は僧侶というもう一つの仕事があり、学校もそちらを出たものだから、平井信義、森上史朗、大場牧夫、大場幸夫、海卓子、高杉自子、本吉圓子等々の名前もそこで初めて知りました。座談会の話題によく出てくる倉橋惣三も初めてでした。六冊のこの本と、そこに出てくる先生の書かれた本を、探しては読みあさりました。時を同じくして『保育研究』(建帛社 当時)という季刊誌が出て、「子どもの遊びと保育者」「保育における援助とは」など、私たちの悩みを知ってくれていたかのようにタイムリーなテーマで本が出版され、強い味方を得たのでした。

## 自由と安定

その頃の私たちは、設定遊びが子どもの自由さを制限していた反省もあって、「自由」という言葉にかなりあこがれていました。しかし、遊んでばかりでいいのか、放任とどこが違うのかに私たち自身も不安があり、自信を持ちきれないで過ごしていました。

自由に遊ぶと言うけれど、毎日が自由で、ある子が朝登園したら昨日と違う、想像もつかなかったことがもし始まっていたら、その子はどうその中に入れるだろうか。入れないだろう。そんな朝ではだめなのではないか。登園したらいつものような朝が待っていて、少しうろうろしながらもいつものようにみんなの中に入っていけて、今日の新しい関心事に出会う。昨日の続きが待っている。やらなくてはならなかったことを思い出す。そこから今日の生活も、新しい遊びも動き出す。そしてお腹が空いた頃になると、ちゃんとお昼ができていて、支度の準備が始まって……と、毎日同じようにくり返される生活リズムがあることで、一日の生活がイメージできる。

子どもが一日を流れとして見通せて（生活全体を俯瞰できて）、その安心感が安定感になれば、興味／関心も外に向いて開いていくのではないか。自分から主体的に生活を選び取り、参加していけるのではないか。逆に不安だと心は内に向いて、興味や関心／意欲は起こらない。だとすれば、自由の前に「安定した生活」があるのではないか。そんなことをみんなで考え始めた時に出会えたのが、倉橋惣三からの流れを実践に移した本吉圓子さんの「生活保育」の実践でした。それは主任の笠間典美さんとの保育記録を介してのやりとりとして『私の保育どこが問題？』（フレーベル館　一九八一）にまとめられ、また同著者の『私の生活保育論』（フレーベル館　一九七九）や、『写真で見る生活保育』（チャイルド本社　一九八一）のたくさんの写真やその解説から、保育の実際の様子やその考え方が可視化されて、私たちの中で共有し合えて語るイメージや言葉が持てるようになったのです。

## 「片付け」をめぐる葛藤

『私の保育どこが問題？』の中で、今でも印象に残っているのが、「片付け」というテーマです。

私たちの園でも、遊びを尊重するあまり、遊んだものが遊びっぱなしになる、壊れる、なくなる。つまずいて転ぶ。ごちゃごちゃして、落ち着かない、などが課題になり始めていました。

実は本吉さんの園の子どもたちも、片付けが問題になるのですが、本の実践によると、最後に子どもたちが「気持ち悪い」といって片付け出すのです。この実践を読んで、こんなにうまくいくのならと真似てみたくなりました。どこまで散らかったら子どもたちが「気持ち悪い」と言うだろうかと、親に手紙を書きました。

〈……片付け研究のため片付けない週間をします。今以上に見るに見かねた状況になるかもしれませんが、子どもたちが「気持ち悪い」と言い出すのを待ちたいと思います……〉と。

ところが待てど暮らせど全然言ってくれないのです。足の踏み場もないくらいに散らかったのですが、子どもたちはお昼の時もおやつの時も、自分が座るスペースの散らかりを、手で周囲に押しのけて平気で食べる。保育者も我慢しきれず、「気持ち悪くないの？」「いやじゃないの？」と、最後は聞いてしまうのだけれど、子どもたちは「ぜんぜーん」「べつに」と言うのです。これはダメだということで、今度は「一所懸命片付けよう週間」をする手紙を出す。保育者が一所懸命片付けるのを見せて、「気持ちがいいね」「遊びたいものがすぐ見つけられていいね」などといやらしいほどにいちいち言いながら片付ける。それを見て、子どもも真似て片付け出すかと思えば、そんな気配もない。こちらも見事に失敗をしたのでした。

片付けについていろいろ調べていくうちに、次に始める時に都合のよい片付け方というのがあることも分かりました。きちんとしまうもの、一まとめにしておけばいいもの、手の届きやすいところにおいておきたいもの（研究者や芸術家に多いとか）、片付けないで続きで残したいものなど、片付けにもいろいろバリエーションがあってもいいのです。片付けへの焦りが少し和らぎました。

ところで、当の本吉さんたちのうまくいった実践ですが、私たちの手には負えなかったけれど、何とかしたいという意識がずっとあったからでしょう、出会うべくして出会えたと言えるのかもしれませんが、六冊の本を初めに紹介してくれたフレーベル館代理店のＫさん（著者の先生方ともつながりがあって、園内研修の講師交渉もしてくれた）から本には紹介されていないエピソードを後日伺うことができました。それは、子どもが「気持ち悪い」と言いたくなるように、本吉さんたちは率先して散らかしたり、座りにくくしてみたり、歩きにくくしてみたり、散らかったものの中から、大事な物を子どもたちに探してもらったりをくり返して、子どもたちが困るように困るように陰で仕掛けていたのでした（これはまさに子どもたちと保育者の格闘です）。ただ、困った困ったと待っていた私たちと、そこが違ったのでした。子どもに気づいてほしいこと、学んでほしいことを陰にまわって、本当に困った状況を環境として用意したら、子どもたちはどんな反応を返してくれるだろうかと、子どもの心をゆさぶりながら待っていたのです。陰で仕掛けて、より豊かな生活を子どもたちと共に創り出していく保育の神髄が、垣間見られたのでした。

## つづきの看板

時間を細切れにしないで、午前中はお腹が空くまで遊ぶこととし、遊びほうける時間を大事にしようと始めました。しかし、時間を忘れるほど夢中で過ごしても、今日が終わると片付けなくてはならない。明日はまたゼロから始めるのはもったいない。昨日の続きが今日もできて、明日へもつながっていけたらいい。それはできないかと考えました。

そこで考えついたのが、「つづきの看板」です。この看板は、昨日、今日、明日のつながりが自分のものになってくる年齢ということで、四歳児と五歳児だけが使えるようにしました。看板が出れば、当事者以外はだれもその場をいじったり、物を持ち出してはいけないのです。このルールは、自分がそうなったら困ると、子どもたち自身が気づいて決めたことです。ところが中にはずる賢い子がいて、看板を利用して片付けをさぼったりもするわけです。多少は大目に見られますが、またやってるなとそのうち感づかれる。「あれあれ怪しいぞー、この前もつづきと言いながら違う遊びしてなかったっけ?」と、心の内をくすぐられると、子どもは正直「へへへっ」と言うわけです。子どもたちと必要感の中で決めたルールとはいえ、「がんじがらめで決まり通りを守るもの」にはしたくありません。悪知恵やずる賢さが必要な時もあるので、ルールはルールとして守ることは前提に置きながらも、周辺でおきる建前と本音の使い分けは「やりとりを楽しむ楽しい事件」として付き合いたいのです。そして、このような付き合い方が、子どもも保育者も人間としての幅を広げていく学びにつながっていくだろうし、気心知れ合う関係を深めていくのだろうと思うのです。

こうして一週間遊んで過ごしますが、金曜日にはいったん遊びをおしまいにすることにしました。それは、お気に入りの遊び道具を特定の子が独占してしまうことが起き、大騒ぎになったことがきっかけでした。そこで、子どもたちと相談して決まったルールです。しかしそれでも、時には週をまたいで続きをしたいことも出てきます。その場合は、どうしても続けたい理由をみんなに「お願い！」と申し出て、納得してもらえれば続けられることにしたのでした。

ここまで書いて、文章を読み返してみると、私たちの園の特殊性があることに気づきました。それは、お腹が空くまで遊ぶというのは、私たちの園ではほとんどの時間を屋外で過ごすからです。なので、今日の遊びを続きにしておくことは、室内より寛容性があったのかもしれません。では、それを室内でやるにはどうするかということも考えました。室内は、遊ぶだけでなく昼食や昼寝という生活もあります。遊びが「つづき」になっていると、身動きがとれなくなることも出てくるはずです。でも私たちは、遊びの続きを残しておくことに気配りしながら、窮屈を経験することも、葛藤して生活の中で場所のシェアの折り合いをつけていくことも大事な経験と考えました。折り合うと書きましたが、その中には、やっぱり邪魔だから、この場所はまずい。じゃあ、少し移動しようとか、もう少し小さくまとめようとか。気を付けていたつもりがうっかりして、壊しちゃったとか。これはそのままにしておきたいから、今日はお昼や昼寝

「つづきの看板」を使う

を移動しようとか、さまざまな折り合い／寄り合い／妥協し合いがあって、そういう臨機応変に工夫しなければ、みんなで大事にしたい保育の価値が磨き合えない。うれしい事件とでもいうのでしょうか、そういうことが生活を面白くして、豊かにしていくのだと思いました。

## 3
## 「カレンダー保育」を見直し余裕の時間をつくり出す

### 行事に追われる日常への疑問

見直し始めた頃の保育は、「カレンダー保育」といってよいくらいでした。それはたとえば、新年度が始まるとすぐに、とっていた月間絵本にこいのぼり製作の付録が付いてきて、それを作る。あるいはクラスのみんなでと、模造紙や包装紙を張り合わせて大きな鯉のぼりにする。それが終わると、母の日がやってきて、そのプレゼント作りが子どもたちの製作課題になる。終わるともう次には六月四日の虫歯予防デーが待っているのです。その頃は、季節に応じた作品を折り紙で折って、製作帳に貼っていくことも「絵画製作」としてやっていました。そこで、少し前に歯科検診もしてもらっているものだから、歯の形を製作帳に印刷しておいて、子どもたちに自分の虫歯を黒く塗らせる。そしてその脇に折り紙でコップを折り、歯ブラシの形に紙を切って貼って仕上げて、歯磨きをうながすことが狙いとなっていました。それが済むと、六月一〇日には時の記念日が来るものだから、家から空き箱を持ってくるよう指示されて、集まった空き箱で時計を作る。するとも う、父の日が待っていて、またプレゼントを考える。貴重な職員会議の時間は、プレゼントのアイデア募集と採用に費やされる。その間も梅雨の季節に関心を持たせようと、カタツムリも折らなければならないし、アジサイの花も描かなきゃならない。まごまごしていると七夕が来て、七夕飾りや短冊作りをする……といった具合で、大人も行事のこなし保育に夢中になって、子どもはそれに振り回されて、子ども不在の「子なし保育」になっていたのです。

なぜこのような行事、行事に追われる保育になっていたのでしょうか。それはきっと戦後すぐの時代は復興期ということもあり、生活することにみんな精いっぱいだった頃に始まったことと関係していたのではないでしょうか。家庭では誕生会もできない、七五三も祝える家庭ばかりではない。でも経済が急成長を始める頃から、デパートでもコンビニでも商魂たくましく、母の日はマザーズデイのプレゼントだといって新聞にまで広告を入れてくる。誕生会だって立派なケーキや高価なおもちゃまで買ってもらう。七五三だって、結婚披露宴並の写真を撮って祝ってもらっている。だったら、家庭に返せるものは返してもよいのではないか。五月の第二日曜だけがお母さんありがとうではなく、毎日の生活の中でありがとうと思える生活を創り出すことが大事ではないか。毎月の誕生会も、家庭に返していいのではないかと副園長の私は提案したけれど、保育者からは仲間の中で一つ大きくなったことを自覚したり、同じ誕生月の子と一緒に、皆から祝福される経験は残したいと逆提案がありました。しかし、ゆとりを紡ぎ出したい行事の見直しだったので、以前はゲームをしたりのお楽しみ会として一日がかりで取り組んでいたお誕生祝いを、二〇分くらいで済ますものに変えました。

## 受け継いでいきたい行事

しかし逆に、残したものもありました。そのひとつが七夕。これも単に笹飾りを作って、星にお願いをするだけでなく、蚕を子どもたちと長年飼っているので、よい絹が採れて、よい機が織れるようにと、農耕民族が大事にしてきた生活に必要な祈りとか、字が上手に書けるように＝賢くなれるようにと、早起きして里芋の葉の露という特別な水を集めて、祈りのクオリティーを高めたりしてきた文化思想を、私たちも勉強して子どもたちに語る。節分も、年に四回あるのに、なぜ立春前の節分が多彩なのか。それは、眠っていた命が目覚める時であり、野山の生命の目覚めがやがて、生活の糧をもたらしてくれる。だから虫が付かないように、災いが起こらないようにと、地域によってはどんど焼きなどの行事と重ね合わされて受け継がれてきた。このように生活に根差した行事ということが大事で、鬼のお面を作って、豆をぶつけたりぶつけられたりと、形骸化したうすっぺらの楽しさだけで終わらせたくないと考えました。十五夜も、生活の近代化と共に家庭では姿を消したものです。実りの秋を前にして、稲穂に似せたススキをお月さまに上げて祈った。アポロが月に行き、かぐや姫やウサギはいない月ということになってしまったけれど、夜空に浮かぶ月を見ていると七夕の星もそうですが、宇宙という果てしない広がりの中の地球と、〈私〉という生命の存在の不思議さに、想いを馳せたりするものです。地平線や山際を昇ってくる時の大きな月が、オレンジ色してどんより浮かんでくる神秘性に、私たちの細胞の一つひとつが覚醒されるようにも思うのです。

『センス・オブ・ワンダー』（新潮社　一九九六）の著者のレイチェル・カーソンは本の中で、

「わたしは、子どもにとっても、どのようにして子どもを教育すべきか頭を悩ませている親にとっても、「知る」ことは、「感じる」ことの半分も重要ではないと固く信じています。子どもたちがであう事実のひとつひとつが、やがて知識や知恵を生み出す種子だとしたら、さまざまな情緒やゆたかな感受性は、この種子をはぐくむ肥沃な土壌です。幼い子ども時代は、この土壌を耕すときです」（二四頁）

と語っています。また、カーソンは、なぜこうした感性を幼い時に確かなものとして身につけておかなければならないかの問いに対して、この感性が「やがて大人になるとやってくる倦怠と幻滅、私たちが自然という力の源泉から遠ざかること、つまらない人工的なものに夢中になることに対する、変わらぬ解毒剤になる」（二三頁）からだと述べています（傍点は筆者による）。

人工物ばかりに囲まれた都会ならなおさら、そういう人間を超えた宇宙や自然の神秘性（多様性）と向き合い、五感を総動員させて「感じる」時間がとても大事なように思うのです。

行事も、カレンダーにあるからやるのではなく、生活に根付いた意味あるものとして取り組むことにしたのです。

## 4
## 大きな行事を見直す

### 遠足はなぜするのか？

メタボになった行事をシェイプアップし、保育園の生活に余裕を創り出していくことは意味のあることでした。その一方で、毎年してきた春の親子遠足や秋の運動会も、なぜするのだろうかを改めて考えてみなければなりませんでした。

春の遠足は、大型バスに乗って一時間ほどの、広い芝生の広場がある施設に行く親子の遠足です。行く先は以前と変わりましたが、開園以来ずっと取り組んできた親子遠足です。そこでどんな意味があるだろうとみんなで考えました。新年度当初の四月～五月を、私たちは「ごたごた期」と名付けましたが（七一頁参照）、遠足はその最後の頃にあります。そこで親子でバスに乗って、楽しい思い出を一日つくって帰ってくる。学校に行ったら親子で大型バスに乗るなんて経験ができなくなるから、親にとってもうれしい。みんなと行ったという共通体験が、その後の園生活の安定感につながるのではないか。そこで「ごたごたを捨てに行く遠足」という意味を持たせることにしました。そして、案内の手紙にも書くのですが、出発の朝には「今日は朝早く起きて、洗濯したりお弁当作ったり、おでかけの準備をしたり、その中で子どもが思うように動いてくれなかったり、朝からハイテンション状態に付き合ったりもあって大変だったでしょう。けれど、今日は親子でごたごたを捨てに行く遠足です」「小言を言いたくなることもあるでしょうが、少し我慢して子どもに付き合って、親子で楽しい思い出の物語をたくさんつくって、ごたごたを捨ててきましょうね」と伝え、保護者とも想いを共有しあって出かける遠足にしたのでした。

## 運動会の見直し

世界では珍しいけれど、日本ではほとんどの園が取り組む運動会です。見直しをする以前は、運動会が近づくと保育者が競技を考えました。昔のプログラムを引っ張り出したり、保育雑誌の特集などを参考に、アイデアを拾い出しながら保育者間で調整し、保育者が決めた競技を子どもに下ろして練習をする。そして、みんなが同じにやれる／やれたことを保育者も親も期待して、当日を迎えるということをしてきました。

子どもが生活や遊びを、自分を輝かして主人公で生きる保育がしたいと始めた保育の見直しだったので、こうした運動会の取り組み方も見直さなければならなくなりました。

そこで、これまでの運動会の問題点を拾ってみると、

①プログラムを作る段階で、子どもたちが全然参加していない

②運動会の当日も、保育者が決めたプログラムに従って、はい、次は年少、はい、次は年長とトコロテンみたいに押し出されていって、終わってしまう

③仮に競技そのものを楽しんだり熱中できたとしても、全体の流れは子どもたちのものになっていない

④子どものものになれるのだろうか？

⑤どうしたら子どもが主人公として関われるようになるのか？

⑥お父さんやお母さんも参観ではなく、一緒に参加してやれる運動会はできないのか？

などなどが次々と出されたのでした。

## 他園の見直しに学びながら

ところで運動会の歴史はというと、そもそもは兵学校の強兵訓練的意味合いから始まったらしいのですが、これだけ国民に浸透している運動会は、もうその歴史を越えて恒例行事の楽しみにもなっています。

そんな運動会を、和光のように悩んで工夫をしたのでしょうか、違うやり方を考えているところがあることが分かりました。千葉県M市のある幼稚園では、野外劇ふうのオペレッタ運動会にして、音楽に合わせて園庭を走ったり踊ったりして、劇仕立てのお話の中で運動と表現遊びをするというものでした。

また、子どもの主体性にこだわっている東京のT幼稚園の、プログラムを決めないという実践がありました。みんなで集まって、「さぁー、運動会するよ」「最初は何にする？」「体操がいい」「体操ね、じゃあどの体操にしようか」……。普段でもそうしているんでしょうね、何枚かあるレコード（当時はみんなこれでした）の中から、子どもたちが選び出してかけるわけです。「次は？」「もう一回体操」「こんどは綱引きやりたい！」と進めていくのです。実際を見ていないので分かりませんが、当時の私たちにとっては、ただただびっくりの実践でした。また、運動会とは呼ばないでプレイデイとして、練習なしでできる親子ゲーム大会のような試みも最近は生まれています。

さて、私たちの園ですが、見直しにあたって最初に確認したことは、運動会のイメージをすっかり変えてしまうのではなく、去年の運動会や、小・中学校の運動会を見てきて、

①知っていることや見てきた経験のイメージや、今度は自分たちの番だという意欲を大切にしよう

②形として何をやるのかではなく、子どもたちも参加・参画して創っていく過程（プロセス）を大事にしよう

ということでした。そして、では私たちはどう工夫したら、子どもたちが主人公の運動会になれるだろうかと考えました。一つひとつの競技は子どもたちと考えるとして、競技の進行や順番も子どもたちに任せることは、まだ私たちにはできませんでした。そこで、ただ走ったりするより、そこに物語があったら、オペレッタ運動会とは違うけれどイメージが広がるのではないか。そう考えて生まれたのが、子どもたちのよく知っているお話を縦糸（テーマ）にして、そのお話の展開に合わせてプログラムを進めていく「お話運動会」でした。

## 今年のお話を決める

お話によっては競技にしづらいものもあるので、前もって保育者が選んだ四冊のお話を、夏の間何度も読んでもらい、その中から子どもたちが一つを選びます。お話選びに参加できるのは、運動会全体の企画演出に一番力を発揮する年長さんです。すんなり決まる年もありますが、互いが譲れなくて、なぜそのお話にしたいのかプレゼンを互いにし合ったりして、行きつ戻りつの議論をくり返し、決まるお話です。

決まったお話を、さらに読んでもらううちに、日常の会話の中にお話のフレーズが顔を出したり、好きな場面が遊びの中でごっこ遊びとして顔を出してくるので、それを合図と待って子どもたちに「どの場面が好き?」と聞くことにしています。そしてその大好きな場面から、皆がお話の主人公になったらどんな運動会になるのだろうと、子どもたちのアイデアを聞き、相談しながら競技を創っていくようにしたのです。

去年の経験を思い出したり、学校で見てきた運動会から、運動会ごっこを始めてみたりしながら、好きなお話の場面を運動会に重ねながら、担当を決めグループに分かれて競技の内容を子どもたちと詰めていくのです。でも、アイデアを出したものの、やってみたらイメージとは違って、うまくできなかったり、なかなか勝負がつかなかったりして、試行錯誤がくり返されるのです。

九月も半ば過ぎになると、中学校や小学校で見てきた運動会の経験から、自分たちもかっこよく真似してみたいと応援団や応援歌につながっていく年もあります。ある年は年中四歳児の子が中学校の応援団のセリフをお父さんから教わってきて、「運動会の成功とー、和光の繁栄を祈ってー、エールよーい！」とクラスに広めてくれて、大人たちもずいぶん励まされました。

０歳や一歳の子どもたちは、たまたまそこに居合わせて混じった程度の関わりでしょう。二歳はお話のごっこ遊びの延長を、保育者となんとかやったくらいでしょうか。三歳は、保育者の面白がりに付き合って、一緒に楽しんだのかしら。そして年中さんともなれば、年長さんのように、好きな場面を競技にしていく話し合いもできるようになってきます。

年長や年中さんがやっているのを見て、お手伝いをやりたくなった二歳児・三歳児も、自分たちの仕事をつくってもらいます。年長さんともなると、この他にも用具係をしたり、審判や進行役などの役割も、話し合いで分担するようになるし、お話の中で競技をするので小道具なども必要になってきて、仲間と分担してその製作も合間で始まります。このように準備をするので、プログラムが決まるのは本番直前。間に合うの？　とハラハラドキドキしながらの準備を、葛藤を楽しみながら毎年やっているのです。

## 「待てる」を宝物にして

子どもたちがたくさんの場面で、ありのままの姿を表現しながら、主人公として準備や当日の進行もしていく運動会です。大人が采配してしまえばさっと終わってしまうことでも、子どもたちは試行錯誤し葛藤しながら一所懸命考え、答えを探そうとします。綱引きの縄の真ん中に目印をつけずに競技が始まり、どっちが勝ったか分からなかったり、赤白同数に分かれることでも、勝ちたくて強いほうの組になりたい子が出てくるのを、子どもたちが交通整理したりで、思いのほか時間がかかります。

ある年の運動会では、リレーの勝ち負けの決め方で、進行が止まってしまったことがありました。障がいのある子が一人いて、練習ではどうしても勝つことができない白組でした。初めから勝ち負けが分かっている勝負はつまらない。どうしようということで子どもたちが考えた納得のしかたは、その子のために少し小さめの円を描くことで、対等になる工夫をしたのです。何度も何度も、円を描いては走ってみて、その子の手を引いて伴走する役も現れて、ほどよい大きさを決めたのです。それなのに、勝てない白組が運動会前日の最後の練習で勝ったのです。「ヤッターッ!」「明日も勝つぞ!」。一方の赤組は「明日は負けない」と誓いを込めて練習を終えたのでした。そして本番。アンカーにバトンが渡された時には、白がリードしていました。ところが勝ちたい一心だったのでしょう、バトンをもらった赤組アンカーが、気がついたら小さいほうの円を走ってしまって、先にゴールしてしまったのです。審判の子は思わず赤の勝ちを宣言したのですが、白組からクレームがつきました。赤のアンカーも「僕はズルしようと思ったんじゃない」と泣き出してしまいました。それを観ていた観客の大人が思わず、「もう一回」コールを出したのです。ところがすぐに、周りの保護者から、「子どもたちが決めるから待ってあげよう」と制する声が上がったのです。場内は沈黙。待つことしばしでしたが、子どもたちも相談の上、もう一回のやり直しを決めたのでした。しかし、結果は赤の勝ちで、とうとう白組は幻の勝利で終わってしまったのです。毎年運動会後には、リレーをまたやりたいと自主的に遊び始めるのですが、この年はまたやろうと子どもたちは言いませんでした（赤組は白組に気をつかったのでしょうか）。子どもたちにとってはあの運動会で、やれることは全部やりきったのでしょう。白組も負けたけれど、納得したのです。

大人たちが子どもたちの持っている力を信じて待っていてくれる。子どもたちはその安心感と、任された期待を引き受けて、それぞれが持っている力を、その子らしさの中で表現する。親たちも、子どもたちに乗せられて、それ以上に楽しむ。そんな子どもと大人の関係が、こんな運動会を始めたら動き出したのでした。

## 5 生活を見直す

臨床心理学者の河合隼雄さんが、『子どもと学校』（岩波新書　一九九二）の中で、次のように書かれています（一〇〇頁）。

「私は子どもを育てる、というときに『植物』をイメージする。太陽の熱と土とがあれば、植物はゆっくりと成長してゆく。子どもを『機械』のように考えて、『こうすればこうなる』と、教師がそれをコントロールしようとすると、思いのままにならないことが出てきていやになるのではなかろうか。植物の成長を楽しんで見るような態度を身につけると、楽しみが増えてくるように思われる」

教え手側の教えたいことに、子どもはすぐ関心を向けてくれたり、興味をもってくれるわけではありません。そこでその気持ちのズレをうめなければ始まらないし、学びの中身や学びの手順を段取りよく進めたいので、保育者は子どもたちにやってほしいことを分かってもらおうと、一方的な言葉で説明しようとしたり、引っ張ろうとしてしまいがちです。河合さんが「植物の成長を楽しんで見るような態度を身につけると」とおっしゃるように、子ども自らが、育とうとしている力に気づいて、受け止められるという保育者の役割を自覚して、成長を見守り、長いスパンでどっしり構えて、応援する保育をしたいと思いました。

## 四つの期　四つの目標

そこで改めて、子どもたちの生活を見てみると、生活が時期によって質的に変化することに気づきました。そこで、そのことに着目して一年を四つに分け、それぞれに生活目標を置くことにしたのです（七二～七三頁表参照）。

四月～五月の**「ごたごた期」**の生活目標は、「自分の居場所を見つける（心の安心・心の拠りどころを見つける）」ということです。安心の拠りどころになる人はクラスの担任ばかりではありません。朝登園して最初に出会った人が、一日の頼りになることもあるわけです。

最近、小学校との接続をどうするかという問題の中で、小一プロブレムが問題視されていますが、新しい環境に慣れるまでは、ごたごたするのが当たり前にあるのです。プロブレムという言い方をするとしたら、保育園の入園期にだってあるわけで、それを私たちはプロブレムと問題視しないで、安定するためにごたごたは必要ととらえる。そしてどうやったら安定や信頼関係がつくれる

| 9〜12月<br>伸展成長期 | 1〜3月<br>充実期 |
|---|---|
| て） | |
| 隅っこどこでも遊んじゃう！） | |
| 箱や紙（お面・動物・折り紙・好きな物作っちゃう） | |
|  お正月遊び（カルタ・トランプ・ゲーム・こま回し） | |
|  を使ったダイナミックな遊び | 落とし穴にご用心 |
| 探検ごっこ（ターザン・崖登り・綱渡り） | |
| 木の実採り | 氷探し　春探し |
| 挑戦しよう（竹登り・縄跳び鉄棒・竹馬など） | |
| （自然物を使って） |  |
| トマトにかぼちゃ<br>――→ 食べる  | |
| ・スキップ） 集団遊び（鬼ごっこ・ルールのある遊び） | |
|  サッカー・ドッチボール・野球など | |
| ＊仲間の輪を広げる<br>＊好きな遊びにじっくり取り組む | ＊仲間の存在を通して自分を見つめる<br>＊生活に自信を持つ |
| 運動会　年長遠足 | 劇の会　がんばり遠足 |

夏に思う存分遊んで、心が解放されると、秋風がダイナミックな遊びから、しっとりじっくり遊ぶ遊びに誘ってくれるようになります。

子どもたちも大好きな仲間を見つけて、ちいさなグループが出来、気の合う者同士の遊びが園庭のあちこちで芽を出し始めます。

仲間と共にすることの楽しさを経験できるといいなということから、5歳児が主となり運動会の企画を練ったり、学びたいことをみんなで決めて、電車研究に出かける本物の就学旅行（日帰り遠足）を毎年計画しています。

一年の3/4が終わり、一緒に遊び、生活をしてきた仲間との関係は、気心しれた関係に育っていくことでしょう。宝物は、子どもの「群れ」がまだあるということ。楽しいことも沢山ありますが、気持ちが通じなかったり、思いが違ったりでトラブルは付き物です。

私たちは、子どもの中で時々顔を出すトラブルや困ったことに、けっこう辛抱強く付き合い、子どもたちで解決できそうなことは応援することを大事にしています。

こうして育った子どもたちのまさに気心知り合う関係は、自分でやれることの見通しと自信が、生活の安定感を作り出していくでしょう。好きな仲間とじっくり、しっとり遊びこむこの時期を「充実期」と呼んでいます。

## 保育園ではこんな一年を過ごしています

| | | 4～5月<br>ごたごた期 | 6～8月<br>安定開放期 |
|---|---|---|---|
| こんな遊びが顔を出します | 室内 | お家ごっこ（ままごと・人形を使っ | |
| | 室内 | ごっこ遊び（積木・巧技台・押入れ・ | |
| | 室内 | 箱や紙（ちぎったり、丸めたり、やぶいたり） |  |
| | 室内 | 絵本や絵を描く活動は大事にしています | |
| | 戸外 | 砂や泥や水を使った遊び | 海での砂遊び  |
| | 戸外 | 固定遊具（ブランコ・滑り台・青空広場など） | |
| | 戸外 | 園外保育＝散歩　草花つみ（月に1回お弁当を持って遠出）  | |
| | 戸外 | | プール・シャワー遊び・海水浴 |
| | 戸外 | ままごとやごっこ遊び（廃品・ビールのカートン・木片を使って） | |
| | 興味関心 | 花を見る　種をまく  | きゅうりにナスに<br>収穫 ──→ 料理 |
| | | | リズム遊び（ピアノに合わせて歩く・走る |
| | | 伝承遊び（かごめかごめ・はないちもんめなど） | |
| その期の大きな目標 | | ＊心のよりどころをさがす<br>＊なんでもやってみる、遊んでみる | ＊夏のエネルギーの助けを借りて自分を出しきる<br>＊気の合う仲間を見つける |
| 行事 | | 入園式　お誕生会（毎月）　遠足 | 七夕　お祭り　親子夏祭り |

大人でも子どもでも、新しい不慣れな環境って落ち着かないもの。新しく和光の仲間に入った子どもたちと、まず最初に創りたいのは安心と信頼の関係。この人となら安心・私はこの場所がいい、と好きな場所はそれぞれあるはず。そんな場所さがしを、ゆっくり丁寧に見つけ出すのが、「ごたごた期」と呼んでいるこの期間。あれしちゃだめ、これしちゃだめという所から、いろんなことやれる所だよと、子どもたちの頭をまずは切り替えてもらうところからの始まりです。「えっ！　保育園ってこんなことしてもいいの？」家庭ではあまりやらせてもらえないぶっ散らがしや水いたずらなどいっぱい用意して待っています。

ドロンコグニュグニュペッタペタ。始めは裸足になるのもいやだった子も、仲間に誘われ大好き人間に変身します。"汚せる"とか"びしょびしょになれる"というのは、「緊張」をともなう所ではできません。季節も初夏から真夏になり、着ているものも薄着になって、季節が心の解放を応援してくれます。

お父さんが園庭に作ってくれる手造りプールも、この心の解放運動に一役も、二役もかってくれます。

夏にはおやじの会主催の親子夏祭りや、男手だけで年長の子どもたちを保育園に一泊泊めちゃう「おやじが保育園を乗っ取る日」などの行事もあるんですよ。

のかと保育を工夫してきたわけです。なのに学校では、最初から秩序を求めるという発想は、人間と人間の関係も合理的に、効率的に、ただ早くとか最初から準備が仕上がっているという価値観でとらえようとしている。実はその考え方にこそプロブレムがあるように思うのです。

六月〜八月までの**「安定開放期」**は、「心と身体に構え（緊張）があればそれを外してありのままの自分を出す」「なんでもやってみる」を生活目標にしました。うまい具合に、夏の季節が心を開放しやすい環境を用意してくれます。その応援を借りて、やりたくてもやりだせない心のひっかかりや緊張をほどいて、やりたいことが素直に出せるように応援したり、出せない子に寄り添って、構えの原因になっていそうなことにつきあうのです。ありがたいことに、暑くなればやりたくなってくる水やドロンコ遊びは、心を開放するのに大きな応援団になってくれるのです。びしょびしょになれたり、泥で自分の身体が汚せるようになれた姿を、私たちはその子の心の開放度を読み取る指標の一つとしています。

九月〜一二月の**「伸展成長期」**は、「好きな遊びにじっくり取り組む」ことが生活目標です。夏の暑さもおさまると、遊びも開放されたダイナミックな遊びから、自分という内面と対話しながら、あるいは仲間の想いに心を寄せながら、今日の遊びにぴったりなほどよい場所を選びとって、日がな一日没頭して遊び続ける。あるいは昨日の続き、明日への続きのある遊びが始まっていく。じっくり遊びこむことで、関わり合い方も深くなり、お互いの気持ちのやりとりも繊細さを増していくのです。この期はそういう時間の過ごし方を、大事にしたいと考えました。前半には運動会があるのですが、ここでも、仲間と共有した目標に見通しを持ちながら、役割や責任を分担し、考えたイメージを形にしていく経験や、思いの違いに出会い、その違いを理解したり、調整して織（折）り合っていく経験に、保育者は丁寧に付き合うことにしています。

一月〜三月の**「充実期」**は「生活に自信を持つ」が目標です。０歳児でも、大人や周りの仲間の遊びや生活に混ざって、見て、真似てやってみて、できることが一つ増え、二つ増え、一緒の生活に仲間入りできる、参加できることが増えてくる。その一つひとつを、お兄さんになったね、お姉さんになったね、といっぱい褒めてもらって、受け止めてもらって、手応えにする。生活に自信が持てる。それがさらなる安心感・安定感になっていくということです。そして、年度が明けると再び「ごたごた期」が来て、同じような景色がまた現れるけれど、それはらせん階段をぐるっと回って、去年とは違うステージから「ごたごた期」に参加をしているということです。

## 京都市のT保育園から学んだこと

縁あって、京都市のT保育園に遊びに行きました。そこで大事なことをいくつも学びました。その中で私たちが考える「生活保育」と「手仕事の生活文化」の心棒になったのが、次に紹介する壊れたテーブルの足の実践です。

折れたテーブルの足が直してあるのですが、それが木の切れ端を継ぎ足した継ぎはぎだらけの足だったのです。この足を見て子どもたちはどう思うか？　というわけです。それは、大工さんや建具屋さんが立派な足を挿《す》げ替えてくれたら、「すごい！」「さすが！」と思うかもしれない。けれどこの継ぎ足しだらけの足を見たら、「私たちもやれそう」「なおしてみたい」と思うはずだ。つまり、壊れた足が子どもたちに「やってみないか」と参加・参画をうながしているというわけです。目からウロコの出会いでした。

生活の中で必要感を感じ、保育者は子どもと一緒に困り、悩み、喜び、感動し、考え、生活をつくり直していく生活のイメージが、パアッと、広がったのです。昭和三〇年代まであった手仕事の生活文化の復権でしょうか。大人の手仕事文化の生活に子どもも混ざって、一緒に生活する、真似て手伝う、そしてできることが一つずつ増え、参加の機会や場面が増えて、頼りにされたり任されたりしながら、責任を引き受けて、少しずつ共同生活者の一人に育っていく。大人も子どもも生活者の一人として、自分の考えや意見をもちながら、その想いは共に生活する他者に伝えられて、一緒に考え、一緒に悩み、一緒に挑戦して、みんなと共に過ごす「生活の場」を創造していく。そのためには、子どもにも手が届きやってみたいと参加ができる、シンプルで分かりやすい仕組みとして、手仕事の生活文化が基盤としてあること。大人と子どもが上下の関係でなく、水平・同僚の生活者の一員として関わり合い、共に生活する／生活を創り出す関係でいることが必要であること。そして、自然のもつ力に助けを借りて、〈私〉の身体の中にある内なる自然を活性化してもらいながら、過ごし、学び、育つ――「里山手仕事民主主義」とでも言うのでしょうか――の生活が、文化として営まれることが、子どもも生活の主体者として育つための保育理念として大切なのだと気づかせてもらったのです。倉橋惣三が「生活を 生活で 生活へ」といった意味がようやく見えてきました。

同じ頃、小学校の実践として信州大学付属長野小学校のコアカリキュラム（教科の枠にとらわれず、生活から生まれてくる興味・関心を核として、解決へのプロセスで出会う試行錯誤から得る学びを大切にしたもの）による、連続探究活動が『教科書を子どもが創る小学校』（小松恒夫　新潮社　一九八二）として、公立の伊那市立伊那小学校での実践が『羊も鳩も、ぼくらの教科書』（宮崎総子／小松恒夫　新潮社　一九八八）として続いて紹介されたのでした。小学校の実践でしたが、生活の中から生まれ出てくる子どもたちの好奇心や意欲が、さらなる関心や意欲につながっていく学び方をそこに見ることができ、私たちが探し求めていた「子どもが主人公になって学ぶ保育」のイメージがここに映し出されていたのでした。

また、ラジオの「全国子ども電話相談室」の回答者として出演していた無着成恭さんを知り、ありのままの生活をありのままに子どもが作文に綴り、そこから生徒を主人公にした授業を展開し、学びを見出していく「生活綴り方」の実践に出会ったのもこの頃でした。子どもたちと生活を創り出す、学びを創り出す向き合い方は、これまでの先生と生徒の向き合い方とはだいぶ違い、共に授業を創り出す関係がそこにありました。その頃、月に二回、保健所にいく用事があったのですが、車の中で電話相談室やＮＨＫの教育相談が聞けます。回答者がどう相談者と向き合うのか、自分だったらどう答えるだろうかと考えるのが楽しみでした（他にも平井信義さん、遠藤豊吉さんなどの回答にもずいぶん学ばせてもらいました）。

## 必要感をもとに自分たちで学び、考える

新しい保育を進めていくためには、その保育のイメージをどう描き出し、みんなと共有し合えるように可視化していけるのかが大きな課題です。保育の見直しを始めた頃は、「遊び」に関心が向いていたので、「ドロンコ保育」とタイトルを見ればその本を読み、「新しい保育」の字を見つければ、どんなことが書かれているのかと関心が向き、シュタイナー教育やフリースクール、フレネ学校〈専科の先生が美術室や畑にいるような生活が用意され、その中で学びを求めて先生のところへ子どもが出向いていく風景や、ドイツの児童文学者／哲学者のミヒャエル・エンデの『モモ』に出てくる円形劇場のような集会スペースが外にあって、子どもたちが話し合いや自己決定の場として利用する、そういう場があることやその思想が魅力的でした〉など、学校の実践も含めて目に付くものを読みあさりました。このように見直し最初の数年は、モデル探しと新たな保育イメージを創るための「むさぼりの時代」だったように思います。〈参考資料：和光の保育の改革（見直し）の視点と成果〉

しかし、これらの実践がどんなにすばらしくても、その保育方法に頼ってしまうと、そこにいつも正解を求め、その枠の中で考えようとしたり、正しいとか／正しくないとか、正解を探そうとする私たちになってしまうのではないか。それは困る。私たちの課題を先に乗り越えている実践や思想に学びながらも、与えられた保育方法ではなく、自分たちで必要感の中で選び取り、考え創り出していく保育を大事にしなければと、まさに子どもに求めた学び方を、自分たちも実践していくた

めに、葛藤を引き受ける覚悟で取り組みました。

（この表は89年度日本保育学会で「片付け」について発表した際にまとめたものです。）

| し　　後 | 見　直　し　の　成　果 |
| --- | --- |
| るのではなく、自ら育とうとしてい<br>頼感を持った向き合い方)<br>て、じっくり豊かに過ごし、自らの<br>取ることが必要。 | ◎一人ひとりの興味の持ち方、表現の仕方に、違いがあることが当たり前のこととして、見えるようになってきた。<br>◎失敗も大切な経験と受けいれられ、時間にとらわれず、活動をじっくり見守ることができるようになってきた。 |
| 必要なものを学び、身に着けていく | ◎「遊び」の概念が拡大。偶然の出会い。自然物との関わり、仕事の中にも遊び（自由度）があり、生活そのものが遊びの題材になりうる。<br>◎様々な経験を自分のものとして取り込み、遊びに移し替えている。 |
| 育者の関わり方に置く》<br>し、遊びきる場と時間を保障。<br>、表し方を受けとめる。<br>「興味を強くもった」「疑問を感<br>る<br>の主人公になって参加し、みんなで<br>ニにティー」と落ち着けて疲れない<br>トレスレス環境」の用意。 | ◎「～してもいい？」という言葉が減り、代わって「～したい！」という言葉が増える。<br>◎ケンカやトラブルも多く見られるが、自分たちで解決しようとしたり、解決したりもできる。まわりの人やモノへの興味や関心が強く、異年齢と関わりもの自然にみられるようになる。 |
| 「学びの場」「出会いの場」<br>探求者の水平的関係で向き合たい。<br>して、自ら生きてみせる大人」と<br>子ども」の関係。<br>遊びからの学びを自ら選び取る<br>、支え、くすぐり、応援する<br>」の関係。<br>けとめ、響き返す保育者」と、<br>の下で、自分への自信をバネにして、<br>。 | ◎保育者が仲間として、子どもの心に寄り添おうと努力した結果、子どもから学ぶことも多くなった。<br>◎先生」という言い方から「○○さん」と呼び合う間柄で、自然に向き合えるようになっていった。<br>子どもたちと水平な関係になって、生活や遊びを一緒に作り出すという文化に頭がなかなか切り替われない。それは保育者自身が受けて経験にないことだから |
| 互いの交流がしやすいように、解放<br>する。<br>にして、部屋をフレキシブルに使え<br><br>それに近い素材をなるべく用意し、<br>験を大切にする。<br>定を大切にする。そのために、狭く<br>中間も多様に用意する。 | ◎どんな物・場所もあそび（場）となる。<br>◎仲間の出来ていることにあこがれを挑戦したり、先にできた子が、２番手３番手の子を気にかけて、面倒をみてくれるなども見られる。<br>◎園内だけでなく、広く地域へも環境を求めて出かけるなど、経験の枠が広がった。<br>洞窟（思考の場）の思想の導入 |
| し、遊びきる時間を保障。<br>もと大人で創り出す。<br>の切り替えの時間も、一人ひとりが<br>ように、寄り添い支える。 | ◎集中したり持続したりに強さが感じられる。<br>◎時間に管理され自分を出せなかった子が、解放されたことにより、自分のしたいことを表現出来るようになってきた。やがてその中から一歩自分を押さえた自制的行動が見られるようにもなってきて、生活に見通しを持ち、生活のリズムを自らの力で組み立てられるようになって来た。 |
| けは伝えたい行事だけ残す<br>なおす。 | ◎生活にゆとりが出来、残した行事への関心や経験が深まる。<br>◎達成感による手応えが自信となって、次への飛躍台となっている。 |
| ともに創る子育て・共に<br>（親と共に、地域と共に）<br>へ（育ち合いの保育）<br>たちのものへ<br>参加する機会を日常の中に。 | ◎普段の子どもの活動の様子や、育ちの姿を随時親に伝えるようになる。<br>◎子どもの育ちを共に語り合い／分かち合う関係が育ってきて、親の子どもを見る目が育ってきているのが感じられるようになってきた。<br>◎子どもの育ちや保育に関心を持ち、参加する親（父も）が徐々に増える。<br>◎共同の子育ての関係が育ってきて、地域貢献への可能性が出てきている。 |

## 《和光の保育の改革（見直し）の視点と成果》

| 見直すべき観点 | 見　直　し　前 | 見　直 |
|---|---|---|
| 1.子どもをどう<br>観るか？<br>（子ども像から<br>子ども観へ） | ◆子どもは未熟な者、不完全な者、完成された大人が教えてやらないと伸びていかない。（不信感を持った向き合い方）<br>◆子どもはこうあって欲しいという、一つの子ども像を鏡にして、そこに子どもを映していた。 | ◆大人と対比して未熟な存在とみる存在。（子どもの生きる力に信<br>◆故に、子ども時代を子どもとし力でまわりの多様な世界を感じ |
| 2. 遊びの<br>価値観 | ◆課題を終えた後の気晴らしや余暇としての存在<br>学びの場<br>成長の場 | ◆子どもにとって生活そのもの。自ら場。 |
| 3. 保育目標 | ◆《理想の子ども像》という目標に子どもを押しつける<br>「明るい子」<br>1 自然環境の中でのびのび遊ぶ。<br>2 草花や動物を愛し、人をおもいやる心を持つ<br>3 子どもらしく大らかに、喜びや悲しみを素直に表現する。<br>4 ねばり強く　最後までやりとげる。<br>5 いつも明るく　元気な子。 | ◆《子どもに目標を置かずに、保<br>◇子どもの「やる気」を大切に<br>◇１人ひとりの感じ方、考え方<br>◇「困った」「不自由を感じた」じた」という経験を大切にす<br>◇大人も子どももみんなが生活創りだす「育ち合いのコミュ癒しの空間「ケア＆不要なス |
| 4. 子どもと保育者<br>の　関　係 | ◆教える人と学ぶ人と役割で分けた上下の関係<br>◆配慮と称して大人の価値観のおしつけが見られた<br>保育者が主人公？　子どもはそれに　付き合う人？ | ◆（保育園は昼間の「生活の場」まずは、仲間=共同生活者・共同<br>２つ目は、「あこがれモデルと「それを見て、真似て学び育つ<br>３つ目は、主体者として生活や子ども」と、その意欲に気付き「影の仕掛け人としての保育者<br>４つ目は、「子どもの想いを受それを手応えに信頼感・安心感学びに意欲を向けていく子ども |
| 5. 環境設定 | 広場の思想<br>◆園庭や室内は安全に全てを見通せる広場の発想。<br>◆保育材料の準備は保母が主。<br>◆用意される材料は、平等に均一化したもの。<br>◆園庭や部屋は平らなもの、物を周りに置いて、真ん中はあけておく。<br>ゆったりの時間と<br>たっぷりの経験 | ◆立体的な園庭や遊具、室内もお的にしたり、家具で仕切ったり<br>◆椅子や机は、使う時に出すようるようにする。<br>◆加工されていない自然なものや多様な世界の価値観に出会う経<br>◆子どもの心の安定する場所の設囲まれた空間や、広い・狭いの |
| 6. 生　活 | ◆登園→自由遊び→朝の集会→設定保育→自由遊び→といった時間が細切れ保育。活動の盛り上がりをいつも中断。「粘り強く最後までやりとげる」という保育目標とうらはらの生活<br>行事は暇つぶし？ | ◆時間で区切ることを努めてなく<br>◆生活が活動の基盤、生活を子ど<br>◆生活の流れの中で食事・睡眠へ自らの判断で選び取っていける |
| 7. 行　事 | ◆行事をこなすことで一年の保育が流れる（こなす保育→子無し保育）。子どもの関心と無関係に行事が組まれ、保育者は行事に追われる。 | ◆（家庭でしなくなった）これだ<br>◆行事を、生活の節目として捉え |
| 8. 親・家庭・地域<br>との関係 | ◆預ける・預かるの関係が土台にあって、保育は園が主、家庭は預けて安心、園に協力するの従の関係。<br>◆結果、園での子どもの姿は、親参加の遠足や運動会等の行事しか伝わらない。（普段の保育が伝わっていない） | ◆地域の財産として、親や地域と創る保育園へと発想を転換。<br>◆園が主、家庭が従→対等な立場<br>◆子どもたちを街へ、街を子ども街の人が子どもと関わり合う・ |

# 2章

# 新たな教育観と保育の「真」と「深」

# 1 新たな教育観へのとらえ直し

## 満点主義の教育観

「子どもは未熟で、大したことはできない存在」「まだ役に立たない存在」とみて、社会の中だけでなく家族の中でも、子どもがあてにされなくなったのはいつの頃からでしょうか。おそらくそれは、大量生産・大量消費の価格競争経済で、能率化・効率化・合理化という企業の価値観が、生活や子育ての中にも持ち込まれて、非効率なものはムダという考え方が一般常識化されてしまったからだと思うのです。また、日本の戦後の経済の価値観は、敗戦の廃墟から立ち上がって、世界に追いつくために、世界と比べて足りないことを一所懸命埋めてきた。届かないところを何とか追いつこうと頑張ってきた（明治時代も同じ）。そうして経済大国になった成功体験の価値観が、教育にも持ち込まれて、まだできてないぞ、まだ足りないぞと、子どもに不信感を持った満点主義の教育観で向き合ってきたのではないかと想像するのです。

子どもを「まだできない／劣る存在」という見方は、とても重大な問題をはらんでいます。一〇〇点に価値があり、まだ努力が足りない、頑張りなさいと指摘される、正されるというのは、子どもに不信感を持った、信頼関係をつくりづらい向き合い方です。一方でできていること／子どもがしようとしていること／表現していることを意味あることと受け止め、支えようとする向き合い方は、子どもの生きようとしている力／育とうとしている姿を信じる、信頼した向き合い方です。

平野朝久さんが書かれた本、『はじめに子どもありき―教育実践の基本―』（学芸図書　一九九四）に最近になって出会いました。その中で、ある看護学校の学生さんの実習時の体験を次のような主旨で紹介しています（四三頁）。

「その学生が担当した患者さんは、出された食事の五分の一くらいしか食べなかったので、何とかたくさん取ってもらおうと努力しました。そうしたらある時、その患者さんが半分食べたそうです。そこでそれを見た学生は、思わず『あと半分ね。もう少しがんばって全部食べられるようにしましょうね』と言ってしまったのです。励まそうとして言ったのでしょうけれど、その時、その患者さんは、ポツリと一言、『やっと半分食べたのに……』とつぶやかれて、それを聞いた学生は、ハッとした」

というエピソードです。患者さんが見てもらいたかったのは、食べられた半分のほうなのですが、学生が思わず見てしまったのは食べられずに残してしまったほうの半分なのです。でもハッと気づけたこの学生も、素敵です。

私たちは、赤ちゃんに接する時は、一挙一動できるようになってきたことに目を向けて、「かわいいね」「笑った、笑った」「お愛想もできるんだね」「芸達者だね」「たっちができた」「あんよもできた」と褒めることをよくするのに、少し大きくなると、今度はできないことのほうに目が向いてしまうのは、なぜなんでしょうね。それはきっと、「できていることが当たり前」という物差しで見るようになってしまうからなのだと思います。

教育学者の大田堯さん（九七歳をもってもなお現役で、教育の真のありようの流布に尽力されている）の教育実践が『かすかな光へ』（監督：森康行　製作・著作：ひとなるグループ　二〇一一）という映画になり、大田教育学の神髄を学ばせてもらえることができます。その中で紹介されている一つに、埼玉県の川口市の成人障がい者の施設「太陽の家」の実践があります。障がいを持った人たちが、絵を描いたり、織物をしたり、ステンドグラスを作ったりされて、その作品には高い評価が向けられているのですが、そこの施設長の松本哲さんが映画の中で大切なことをおっしゃっています。「今までは、ここに通って来ている人たちのできないことに目をむけて、評価してきたけれど、ある時に気がついて、やれることを評価するようになったら、みんなが輝き始めた」と。

大人も子どもも、受け止めてもらいたい自分がいる。だから、受け止めてくれる人がそばにいてくれるだけで、うれしいのです。つながっていることの安心を、普段の生活の中に見つけていくことが、これからもっともっと必要になってきます。絶対そうなります。人間は子どもも大人も、「誰かに認めてもらっている安心」が実感できれば、前向きに生きようとする力は湧いて輝き始めるのです。

## 問いと答えの間

若い頃、教育学者の大田堯さんに出会い、伺ったお話の中で今でも手帳に挟んで時々開いては思い起こしているメモがあります。それは『にんじん』の作者ルナールが、当時のフランス社会を風刺的に書いた短編小説『道を聞く』の物語です。

田舎を旅する一人の紳士が、コロビニーという町から、セントロビーニアンまでどれくらいの時間がかかるのかと、鍛冶屋に聞くのですが、鍛冶屋は答えてくれない。もう一度尋ねても、答えてくれないので聞こえないのかとあきらめて歩き出すと、後から「ムッシュー、ムッシュー」と呼び止める声がする。振り返ると先ほどの鍛冶屋で、かかる時間を教えてくれる。「なぜさっきは、教えてくれなかったのか?」との問いに鍛冶屋は「それは、旦那の歩きっぷりによりますぜ」と答えたという話です。「問い」と「答え」の「間」は短いほうがよいという価値観が、一〇〇年以上前のフランスで、社会風刺するほどに広がっていたことが分かります。

前述の『はじめに子どもありき』の本の中で平野朝久さんは、「学ぶ者の論理と学んだ者の論理」は違うとしています（六四頁～六八頁より筆者要約）。

「未知のことを学ぶ学び手は、目標に向かって合理的な筋道を一直線に進むことは稀であり、紆余曲折しながら時間をかけて学んでいく。したがって、そこでは学ぶ者の試行錯誤をいかに保障するかが問われる」「それに対して、学んだ者の記憶に残るのは、実際に経た複雑な経路ではなく、最短距離を結ぶ経路であり、無駄なく合理的な学びの筋道である。この違いは、学んだ者が指導する側になった時、その記憶にある最短距離を歩ませようとして指導することになる。しかしその最短距離で示された筋道は、学んだ者の論理であって、学ぶ者の論理ではない」とし、その結果「学び手は大変な困難を強いられ、〝分かったようなつもりになっても、それは自分の腑におちたものにならない〟」

と解説されています。○○保育、△△指導法という整理されて理論化された形を、紆余曲折／試行錯誤をくぐらずに真似するだけでは、自分たちの本当の力にならないこと。「子どもが輝いている」（自分を生きている）ことを原点に、何度も立ち返りながら、試行錯誤してきたプロセスに、私たち保育者の学びがあり、育ちがあったことに、改めて気づかせてもらえた本との出会いでした。

### 新たな教育観へのとらえ直し

前述の大田先生は、人間に平等に与えられたものとは何かをずっと追求されてこられた人です。そして、それは「いのち」であること。どんなところや時代に生まれたとしても、一つ「いのち」が与えられたという時点では、すべての人間は平等であること。しかし、その「いのち」の設計図のＤＮＡは、一人ひとりみんな違うもの。みんな違っていいのではなく、そもそもがみんな違うのだということ。一人ひとり違うことが大事で、それを、同じようにさせようとするところに、そもそも教育の無理がある。その「いのち」が、与えられた条件の中で、輝けるように助けてあげるのが大人の役割であり、教育であると述べています。

大田先生の孫弟子で、私は教育哲学者だと思っている久保健太さん（この本の応援執筆も頂いた）は、次のように、教育に第二の教育観を加えることを提案しています（全国私立保育園連盟（以下、全私保連と略）保育・子育て総合研究機構NEWS LETTER No.31 2014.6より筆者要約）。

「これまでの『教育とは、誰かが世界につけた意味を（〝試行錯誤〟の過程を省いて整理された知識として教えて）内面化する（させる）営みである』という第一の教育観に、『教育とは、奥行き（多様な意味）のある世界と子どもとの出会いを演出する営みであって、そうして、子どもが世界から（自身の身をもって試行錯誤しながら）自分なりの意味を引き出し、意味を与えていくことを介添えする営みである』という第二の教育観を加えてほしい。大人が意味づけた価値を、短絡的に内面化させようとすると、どうしても世界が『奥行き』のない『平板な』ものになってしまう。子どもたちが、世界の『奥行き』をゆっくりと探索する時間を保障するということを、教育のもう一つの軸に置けないものか。これは教育観を変えようという提案でもある」

最近、森眞理さんのコーディネイトで、イタリアのレッジョ・エミリア市の保育を見学する機会を頂きました。レッジョ・エミリア市は、自ら「教育の街」と宣言するほどの街で、0歳から六歳までの教育に、街の予算の一六%を当てているほどです。そこで語られた教育観は、次のようなことです（於：レッジョ・エミリア　ジャパンスタディー　2014.11）。

「伝統的な学校というのは、教えることを主としている。知識をどのようにして次の世代へ伝えるかということだが、これまでの教育は一方的であり、教育者から与えられるものだと考えてきた。学ぶ者と教育する者とがはっきり分かれてしまっていて、主役が先生になっている。子どもたち自身が知識（学び）の主人公であり、教育活動の中心であり、子どもたちと先生、あるいは子ども同士の関係性で生まれる知識が大切である。これまでの、伝統的な教育では、どのようなことを教えるのが正しいのかを考え、前もって決められたプログラムで始められるもの、そして、そのプログラムに沿って、予定通り展開される活動であったが、子どもたちと一緒に、何を学ぶのかを考える。子どもたちから考える。子どもたちの研究・探索を受け入れることから始まる。そもそも学びとは、きわめて偶発的なものであり、これまでの経験に基づくもの、子どもたちとの対応の中から生まれて来るもの、経験（学びの場）に参加するものたちで決められていくものだ」

この教育理念は、前述の平野朝久さんや久保健太さんの提案と通じるものであり、私たちの園で考えてきたこととも驚くほどに重なるものでした。

ところで、平成元（一九八九）年度版の幼稚園教育要領と、それを受けて翌年改定された保育所保育指針は、「学びの主人公は子どもである」ことをはっきり打ち出したということでは、画期的なものでした。しかし、それにもかかわらず、これまでの保育園・幼稚園・学校での教育の多くは、久保さんの言う「第一の教育観」に偏り過ぎていたことが事実としてあります。改定からもう四半世紀が経つのですが、子どもが主人公になかなかなりえないのは、おそらく私たちが受けてきた学校教育のスタイルがすっかり染み込んでしまっていて、「第一の教育観」からなかなか抜け出せない私たちがいるのです。本当は、ここでいう「第二の教育観」がそもそもの教育原理（＝本来の教育観）としてあり、学び手である子どもの好奇心や探究心、学びへの意欲が出発点になって、そこに先人が意味付けた知識を絡めて対話していく、そういうバランスが大事なのだと思うのです。

それなのに、今回の改正認定こども園法の施行にともない告示された「教育・保育要領」では、保育所と幼稚園と認定こども園を法律として分ける必要から（だけ）なのか、認定こども園を学校と位置付け、「教育」とも違う「学校教育」という概念を持ち込んで保育現場を混乱させていきます。これは、有能な学び手として子どもに信頼をおいた世界の潮流とも明らかに逆行しています。子どもの試行錯誤に付き合っていたら、時間がいくらあっても足りない、と思われる方もいらっしゃると思うのですが、時間を惜しんで、試行錯誤する時間を保障しないで道を急げば、世界はどんどん奥行きのない平坦なものになってしまうというわけです。

## 改めて遊びとは何か？　遊びで育つもの

さて、改めて「遊び」です。現在の幼稚園教育要領の総則では「幼児の自発的な活動としての遊びは、心身の調和のとれた発達の基礎を培う重要な学習であることを考慮して、遊びを通しての指導を中心として」という理念が幼稚園教育の基本として記されています。また、現保育所保育指針では、総則の中の保育原理・保育の方法で「子どもが自発的、意欲的に関われる環境を構成し、子どもの主体的な活動や子ども相互の関わり合いを大切」にして、「乳幼児期にふさわしい体験が得られるように、生活や遊びを通して総合的に保育すること」としています。また、今度の幼保連携型認定こども園教育・保育要領においても、この考え方は踏襲されて、遊びを通しての学びの重要性が明確に表されています。

白梅学園大学学長の汐見稔幸さんが、「保育の『新』と『真』と『芯』」をテーマにした研修会（二〇一五年三月）で、まだ仮説的だと前置きしながらも、「遊びで育つものとは何か」について次のようなことを話されました（強調は筆者による）。

……………………

子どもの「遊び」は大事と言われるけれど、その遊びの中で、子どもたちは何を学んでいるのか、何が育っているのかの理論が私たちの中で十分につくられていない。心理学でも弱い。私たちが議論してつくらなければならないのは、心理学とは違う切り口の保育学的「遊び論」。しかし、遊びというのは本来、楽しいから、面白いからやるものであって、〇〇を育てるためにこの遊びをしようとなったら本末転倒になる。遊んだ結果、こういうものが育っていると見抜くのが保育者の専門性である。

子どものひらめきとかアイデアとか議論によって、遊びがさらに面白いものになっていくというようにならないと、子どもたちの中に、成長が起こらない。

そこで遊びの人間的な意味の一つ目に大事なことは、何よりも心身を集中させ、そこに自分を没頭していくということ。何かものを成す人というのは、没頭できる人。脳科学からの知見では、没頭している時は脳にシステム化が起こっている。熱中して遊ぶ。その延長で（その経験が生かされて）、いろんなことに熱中できるようになっていく。

二つ目は、大人や社会が勝手につくった意味を乗り越えていくもの、違う世界を創造していくもの。あらゆるものを、それに代わる他のもので自由にみたてて遊ぶことができ、それで生きる物語を創造している。これは精神の自由さと、意味を自分でつくる自由、本当の自由を身につける練習をしていることになる。

三つ目はごっこ遊びというものの大事さ。自分を現実社会から切り離して、自分の深いところにある欲求の世界に入り込むことで、隠れている「本当の自分」を活性化させる活動がごっこ遊び。

子どもの心の深いところにある命の願いを形にして、その物語を主人公として生き生きと生きた時に、その人が変わる。自我が変容する。人間というのはいろんな願望や要望を持っているけれど、実際にはほとんど形にできない。それを形にしていく、満足していくのが遊び。

四つ目は、学問や芸術と同じ体験に通じる活動であるということ。子どもに、積み木を置いておいてやると、大人が何も言わないのに並べたり積み上げようとする。人間だけが「カオス」状態、混沌状態から秩序ある状態（コスモス）を生み出して、もっと大きくしよう、もっときれいをつくり出したい、もっと恰好よくしようという本能をもっている。それが文化を生み出している。子どもの遊びでも、もっと恰好よくしてみたい、きれいにしてみたい、きれいな秩序をつくり出したいと思っている。それはつまり美。美と言うのは人間の本能なのではないか。学問も、混沌の中から秩序を見出していくために行うもの。感情という混沌としたものに形を与えていくのが芸術。人間はそのことによって、自ら体験したことを他者に伝えることができた、あるいは自分なりに納得することができることによって、喜びを倍化させる動物かもしれない。だとすれば遊びというものとうまく向き合うことができれば学問や芸術の活動のひな型みたいな役割になれる。ということは、遊びを一生懸命する人は、学者になっても芸術家になっても絶対面白い人間になっていくと思う。

五つ目は、他者と本気で協働する体験。人間には生きるためには何でも食べてきた凶暴性がある一方で、他の動物にはないたぐいまれな共感性がある。何万年、何十万年と協力してやってきたホモサピエンスだけが生き残ってきた。私たちの本能の中には攻撃性と共感性の二つがあって、どうバランスをとるか、どう形を変えるかが人間形成の基本。攻撃性が出始めてきた時に、本当にやっつけてしまったら可哀想とそれをゲームにしましょう、遊びにしましょうと生み出してきたのが遊び。勝った負けたはあるけれど、本当にやっつけるわけではない。攻撃性のスイッチを文化的なものに変えていくのが遊び。共感性のスイッチを丁寧に入れながら、攻撃性のスイッチを徐々に文化的なものに変えていく（昇華させていく）ことが必要。だから思いっきり遊ばせなければいけない。遊びが足りないと、攻撃性が文化的なものにならないからつまらない人間になってしまう。人間と人間が、一人でやるより一緒にやったら面白いよ、お前はいいやつだなと深く付き合っていくと、協働性が生まれてくる。豊かに遊んで、ちょっと悪いことも一緒にやって、一緒に怒られたとかそういうことをやらないと、深い関係が築けないと思う。このようなことを含めて、**人間形成論としての遊びの意味があると思う。**

私たちの中には、遊びは大事といいながら、遊んでばかりで本当にいいのかという不安がどこかにあったと思うのです。でも、汐見さんがまだ仮説段階と言いながらも示してくれたことの中には、人間にとっての遊びの重要な意味論が語られています。

○○保育で、△△ができるようになるとして、早期教育や訓練保育が、いかにもすごい成果のように語られます。しかし、人間が育つというのは、これをすればこう育つというそんな単純なことではありません。知識や技能が早く身につくことが、人生の成功に導く保障にもならないのです。それよりも、汐見さんの言うように、もっと深い人間としての意味としてとらえていった時に、遊びに意味が見えてきます。

私たちは、遊びの中で、子どもたちがこんなに目を輝かせているけれど、その夢中にさせているものは何だろう？　そこにはこんな面白いことが起こっていた。こんな学びをしていて私たち大人までわくわくした。こんなところに育ちの姿が見えた。この前のあの経験が、ここでこんな知恵になって活かされていた……などを、言葉にして語っていくことをしなければなりません。遊びの重要性が見えてきたけれど、見守るとか一緒に楽しむだけでなく、適度にゆさぶりもかけながら、遊びを豊かにしていく関わりを忘れてはなりません。そして、要領や指針が言っているからという受け身ではなく、私たち自身が遊びの価値を、そこで生きる子どもの有能性を、遊びの楽しさを、そこで学び育っていることの価値を、語り示していくことによって、社会が認めてくれる、社会が変わっていく。学び方のとらえ直しの実践が、学校をも変えていくのだと思うのです。

# 2 子どもがありのままの自分を表現する

## 「自然」が持つ多様性という力

本書の姉妹本『葛藤編』の1章で紹介した、「わこう鉄研究所」の実践が、ソニー教育財団の幼児教育支援プログラムから賞を頂きました。受賞記念に、審査委員長で脳科学者の小泉英明さん（日立製作所役員待遇フェロー）に講演をしていただきました。前述の日高さんやここで紹介する小泉さんが語ってくれたことは、和光がこれまで保育の土台として考えてきた「生命観」や「人間観」を裏打ちしてくれるものです（括弧内は筆者による加筆）。

「こういう遊具を作ったら何のためになるとか、こういう教育をしたら子どもの能力が伸びるだろうと、一所懸命考えてやろうとするけれど、よくよく考えてみたら、その人の頭の中で考えていることなんです」

「私たちの脳というのは、意識していることは、上澄みのようなものなんです。脳自身のことで言うと、コンピューターの中の処理というのは光のような速さですが、脳の神経というのは一秒間に一〇〇m、遅いものだと数センチしか伝わらない。ものすごく遅いわけです。それで今のコンピューターより、高度な処理をするわけですから、どうやっているかというと、たくさんの神経がそれぞれ分業でやっているわけです。分業して同時にやっていますから、そんなものが全部頭に上ってきたら、わけ分からなくなっちゃうので、分業して主に働いているところは、意識に上って来ない。もうそういう仕事が終わって、最後のところですね、もう出来上がりましたよという完成品のところで我々の意識に上ってくる。ですから、そこのところでつくったもの、あるいは考えたものというのは、上澄みだけで考えているものですから、人間としてはずいぶん考えているつもりでも、ある意味では浅知恵になりかねない」

「自然界にあるものは私たちの意識に上がらないことも、どんどん情報として入ってくる。それは全部無意識の中で信号処理されて、そういうものが身体の中で自然に身について残っていく。（ウグイスがウグイスの声に関心を向けるように、意識に上ってこないことでも、身体が関心を向けている、反応している、蓄えている。）それがすごく大事ということになると、詰め込み教育をしても、それはたかが知れているわけです。自然の中で、自然あるいは本物からたくさんの情報が入ってくる。それは本人は意識していないかもしれない。けれど、（その刺激が）脳あるいは身体をつくりあげている（身体や脳に内包された受信機にスイッチを入れ覚醒させてくれる）。そういう意味で、（自然が持つ力に委ね、そこから覚醒された生命の輝きと向き合う、子どもの内から湧き出してくるものに気づいてつきあう・手助けする）こういう保育（和光がチャレンジしている保育）というのは、ある意味非常に高度なんですよね。だから、逆に言うと見えづらい。何か子どもをほったらかして、自然の中で遊ばせているだけじゃないかって、浅くみる人はそう思ってしまうのですが、全然そうじゃない極めて高度なことをされている」

「『心』はどこにあるのかというのも、実は身体で感じている。脳の側頭葉に『島』というところがあって、そこに身体中のいろいろな情報が集まっている。脳はそういうものも含めて脳として感じている。知能・知識というのは脳で処理するから、そちらのほうが教育のほうでも主になったけれど、心で大事な要素は身体性なんです。身体と脳が分かれてそれぞれ機能しているのではなくて、脳のところで身体情報を統合させて、私たちの心が形成されていくというのが、ごく最近分かってきたことです。そういう科学的事実が見えてきたものですから、ますます明確なのは健康に身体を維持して、身体中で感動して、身体中で自然のものを吸収していく。そして脳にきちんと情報を伝達して、それが実は私たちの精神の根底をつくり出していく。『自然の中で子どもたちを育む』、『本物の中で育てることの大切さ』が脳の神経科学のほうからだんだん見えてきた、分かってきたのですから、もう一度教育における科学を考え直してみる。そういう状況です」

「人間というのも、そういう自然の一部であり、自然の摂理と向き合いながら、何万年もかけて適応する身体の仕組みをつくってきているわけです。私たちの思考や言葉に上ってくるのは、脳の中で処理されている情報のほんの『上澄み』なのです。人間がつくったものは、その『上澄み』にしか語りかけない。本物（の持つ力というもの）は、本物なるがゆえに無意識下にも働きかけてくれる。そこが自然を相手に遊んだり、本物に出会うことの意味です。乳幼児期に根源からの経験を保障していくことは、本当に価値あるとても大事なことなのではないでしょうか」

脳科学が脳の仕組みの解明から、意味の解明に向かってきているのです。

## 子どもの生き生きを表現できる環境を用意する

かつて大人は、「うるさいから外に出て遊べ」と子どもに口癖のように言いました。しかし今では「外は危ないから、家の中で遊びなさい」と言うように、環境の変化が、使う言葉まで変えてしまいました。結果、テレビやゲーム、室内玩具で遊ぶ時間が増え、身体を動かすとか、身体で感じる、身体が知っている感覚・経験がすっかり痩せてしまっています。

人間の英知には驚かされることもたくさんありますが、その英知を持ってさえも小泉さんが言うように、人間がつくったものは単純で、自然の持つ複雑多岐な情報にはかなわないのです。木登り一つとっても、木の枝は、荷重がかかりすぎれば折れます。その危うさを足で確かめながら、少しずつ体重を預けたり、避けたりするのですが、人間の造った遊具はそもそも折れてはいけないのが発想の原点です。だから安心して乗れるけれど、足がそこに払う緊張は、自然の木のようにないのです。木は登る／降りるだけでなく、匂い、しなり具合、感触、表皮が剥ければねばねばしたりつるつるしたりします。季節によって芽吹き、葉を落とし、虫もやってくる。こうした常に変化もする多様性を、身体で感じる、身体で学んでいる（首から下の感覚スイッチが入る・磨く）のです。

砂は、土は、水は、器に即して形をさまざまに変えて応えてくれるし、乾くと湿るでは性質が変わります。同じ地面でも夏には火照ってやけどするほどの暑さになる。足の裏が驚いて慌てて逃げると、日陰のひんやりした土を足が見つけるのです。そして冬には裸足になれないほどの冷たさを教えてくれ、また日なたのぬくもりを覚えるのです。そして春になれば、草木はその土から芽吹き、ままごとに新鮮な旬の素材を提供してくれるし、虫は穴から這い出してきます。木々が落としてくれる枝は、長い、短い、太い、細い、やわらかい、すぐ折れる、しなやか、生木、枯れている、軽い、重い、つるつる、ざらざら、ごつごつ、朽ちる、匂いもする、それもいろいろ……など、一つとして同じでない多様性を用意してくれています。そしてその枝は、男の子たちにはすぐに武器になり、女の子たちには箸や調理の素材になるし、屋根や枝先に何かがひっかかったり、あるいは熟した木の実が食べごろになると、それらを落とす道具にもなります。そして秋から冬になれば、枯葉と共に暖を取る薪になるのです。初夏に世話をした蚕にあげた桑の葉は、枝はとっておいて、冬の薪になります。最近になってのことですが、園庭に薪で煮炊きするかまどを造りました。ここでも枯れ枝が重宝します。竹の子や夏のおやつの枝豆を湯がく、草木染のお湯沸かし、新米が穫れると炊くご飯、大豆を炊いて味噌づくり、お正月の準備では、餅つきのもち米を蒸すなどにも大活躍するのです。

夕方迎えが来て、帰る子どもたちの手には、握り切れないほどの小枝があるのをよく見かけます。家の煮炊きの足しにする時代ではもちろんありません。今日の遊びの思い出を枝に込めて持って帰るのでしょう。それを「段ボール一箱もありますよ」と報告してくれるお母さんやおじいちゃんが、支えてくれています。

水遊びで気になるのが水道代です。しかし、水は貴重な保育の資源であり、大事に使うようには伝えますが、水を友だちにして思う存分に水の性質や水を使った遊びを身体で感じ取ってほしいと使ってもらっています。雨水をドラム缶に溜めて、遊びや花の水やりに使っています。これは、子どもたちに伝えたい資源の有効利用として、雨どいから引き入れた天水桶を「おやじの会」（一九九一年発足で二四年の歴史があります）に作ってもらいました。幸い掘り抜きの井戸もあり、夏のプールはこの井戸水を使わせてもらうのですが、その冷たさは体がしびれるほどでした。そこでこれまた「おやじの会」に手伝ってもらって、テラスの屋根の上にくねくねと水道管を張り巡らせた「手作り太陽熱温水器」を作ってもらって、冷たい井戸水と太陽が沸かしたお湯をブレンドしたプールになりました。プールはクーラーに代わって夏の三ヵ月の

ガチャポン井戸で水をくむ

生活を支える冷房設備の役割をはたしてくれますが、おかげで汗疹知らず、夏でも煮物大好きの生活が送れています。

雨の日も、けっこう傘をさしたり、カッパを着たりして、外に出ていく子どもたちです。雨の日は、天気のよい日にはない川や池や海が園庭にできるし、雨になると顔を出す生き物とも出会えます。園舎リフォームの折、温水シャワーとお風呂を作りました。寒そうだなと感じる時は、温水のシャワーで済ませることもありますが、保育者は湯船にお湯を張り、「お風呂沸いてるよ。寒くなったら温まって上がっておいで」と声がかけられます。「風邪ひくから今日は外はダメ」と言うよりも、少し幅の広い経験ができるのです。

泥んこ遊びも、水がぬるめば先輩たちがまっ先に始めてくれるのですが、あのヌルッとした感触が、好きな子には気持ちがいいし、嫌な子はそれがだめなのですが、両生類で過ごした時代に育ったであろう小脳や間脳に、体が感じ取った感触を届けてくれたら、忘れていた感性を呼び覚まさせてくれるのではと期待しているのです。水に身体を預けて浮いた時の、あの重力から解放されたようなフワッとした感覚のように、日常の生活ではなかなか味わうことのできない感触が、眠っている身体にスイッチを入れてくれる。まだなじめない子たちも、先輩たちに誘発されて、夏のいよいよ暑くなってくる季節が、心の鎧のひもをほどいてくれることを期待するのです。

このような「自然宇宙」に内包された多様性がもたらしてくれる情報（刺激）に助けを借りて、〈私〉の身体に内包された自然（内なる自然宇宙）が共振して対話を始め、同調共鳴し合う関係（自然との共生・共鳴）を生活の中に創り出すことが、身体性の育ちがやせてきている現代だからこそ必要なのだと思うのです。

レイチェル・カーソンが、前出の『センス・オブ・ワンダー』で、

「『知る』ことは、『感じる』ことの半分も重要ではない」「子どもたちがであう事実のひとつひとつが、やがて知識や知恵を生み出す種子だとしたら、さまざまな情緒やゆたかな感受性は、この種子をはぐくむ肥沃な土壌です。幼い子ども時代は、この土壌を耕すときです」

と語っていることが重要です。先の小泉英明さんも、身体という受容体で感じ取る「身体性」の重要性を語っています。

草花を摘んで、ままごと遊びの材料にする。水を流して川やダムを作る。地面に穴を掘る。泥んこ遊びをする。木に登る。基地を作る。ナイフや包丁を使う。焚き火で火を扱う。煮炊きする。など、私の子どもの頃には当たり前にやっていたことが、今、はたしてどこでできるでしょうか。プレイパークでの冒険遊び場の実践も一部にはありますが、おそらく今は保育園や幼稚園ぐらいしかやれるところがないのではないでしょうか。それも園長や親がそういうことを大事と思ってくれなければ、もはややれるところがないのです。

## 園舎に込めた想い

私たちの園には、幸い豊富な自然がありますが、自然があったから始めたのではなく、自然と共生することにわくわくしたり、安心やくつろぎの源を感じたから、積極的に取り入れたいと考え、人間と自然が共生する風景の中に、違和感のない収まりのよい暮らしの場や生活環境を用意することにずっとこだわってきました。

そこで大事とこだわったのは、日本の家屋に古くからある「縁側」という思想を園舎に取りこむということです。縁側で、外と内をつなぐのです。近年の建物は、西洋建築の影響をかなり受けて、内と外を壁や建具で仕切って、自然から切り離すことで生活を守る、という考え方が当たり前になっています。それは、科学という力で自然を押さえ込むという思想が根底にあるのではないでしょうか。けれども日本の生活文化は、縄文文化の思想を今日まで一番受け継いでいるのではと言われます。日本人が(イギリス発祥でしょうか)赤レンガの建物が大好きなのは、縄文時代から素焼きの土器を見てきた経験が、現代の私たちにも受け継がれていて、ドキドキ(土器土器)するのだと思うのです。受け継いだ縄文文化はそれだけではありません。その一つがアニミズム文化ですが、山にも川にも、石や木にも命や神様が宿っている。もちろん建物の至るところにも神様がいて、畏敬の念を払い、守ってもらい、共に暮らしている。八百万の神様がいらっしゃる自然の縁《へり》で暮らして、共に過ごす文化を磨いてきたように思うのです。台風に地震にくり返し傷つけられてきた日本人は、人間の力では及ばない自然の猛威にくじけそうになったことは何度もあっただろうけれど、仕方のないことと受け入れて、あきらめずにまた立ち上がってきた。それは自然の木々や草花が、季節が廻ると息を吹き返してきたのを見てきたからなのかもしれないのです。

日本という国の自然度（自然を人為による影響や復元力の強弱の度合いなどに応じてランクに分けたもの）は、人間が手におえないほどの強い自然でなく、また、ダメージを与えてしまうと二度と復活できない自然度の弱い環境と違って、くり返し息を吹き返す「ほどよさ」があって、そうしたほどよい自然と向き合いながら鍛えてきた精神文化が、現代の私たちの中にも宿っているように思うのです（日本という国の気候・風土と泥が培った文明の思想や文化については、松本健一さんの『砂の文明・石の文明・泥の文明』岩波現代文庫 二〇一二、にとても面白詳しく書かれています）。

さて、私たちが園舎に取り込んだのは、外と内の風通しをよくする縁側ですが、「土間」という空間も、外が家の中まで入ってきていて、面白い空間です。どんな園舎がいいかと設計で思案していた頃、保育園、幼稚園関係の設計をまとめた本よりも、高齢者や成人障がい者の生活型の施設の設計図に興味を惹かれました。それは、そこを利用する人たちの生活が映し出されていたからです。ある写真では、農作業の合間でしょう、広い土間に集まってお茶をみんなで飲んでいる景色に、なんとも言えない温かさを感じました。逆の言い方をすると、保育園・幼稚園の先行設計図や写真からは、生活観がほとんどと言っていいくらい感じられなかったことを覚えています。

京都工芸繊維大学大学院の高木真人さんが、保育園の縁側を子どもがどう活用しているのかを調査に来られたことがありました。そして、涼んだり、観覧席になったり、行事にも使われたりするのが、京都のお公家さん方の寝殿《しんでん》の縁側の使い方と同じだったと評されて、高貴な方々の振舞いと子どもたちの生活ぶりが、重なっているのには笑ってしまいましたが、調査のお陰で私たちが取り入れた縁側の持つ機能性の豊かさが、確かめられたのでした。内でもない外でもないその中間領域は、単に内と外をつなぐだけでなく、その使い方の多様性／多機能性があることに意味があるかもしれません。

## マクロとミクロの世界観

園庭の一部に冒険遊び場があります。私たちの園は里山の縁に建てられた園舎です。その小山も最初は篠竹が生い茂る藪でしたが、かき分け入ってみると起伏のある面白そうな場所でした。てっぺんまで登ると、隙間から海も見えたのでした。雑木の枝を払えばその手前には園舎も園庭も全部が一望に見下ろせそうでした。そこで、造園業をしている近所の先輩に手伝ってもらって開墾をと、毎日藪に出勤しました。

出来上がった「やまびこ広場」は冒険遊び場になりました（巻頭イラストマップ参照）。ここでの遊びは小さな怪我にも出くわします。でも、小泉英明さんが語ってくれたように、怪我もしながら身体が学ぶ、身体が本来持っている記憶（小脳や間脳などがつかさどる本能的な生きる力）を呼び起こし、確かな回路を築くのです。身体が反応し始めて、結果としてしなやかで賢い身体になれていくのです。

外トイレ上のやぐらから

雑木が払われると、予想通り、自分たちが生活する園舎や園庭が、鳥が空から見たような景色として現れました。見学に来られた方を、子どもが案内してくれることが時々あります。その子たちが最初に案内するのは南の端にある外トイレ上の砦ふうのやぐらの上。「ここは和光が全部見渡せるから好き！」がその理由だそうです（やまびこ広場の展望台は、海も見える高さなので、行く時は大人の同行が必要です。そこで、子どもが自分の判断でできる案内としては外トイレの上のやぐらを選んでいるようなのです）。そして次は、園庭の反対側の青空広場という二階建てのオープンデッキに案内し、「反対から和光が見えるここも好き！」と説明し、それから園舎の裏などを案内してくれたと、複数の人から報告を受けました。全体から部分へ、子どもたちはちゃんと案内の勘所が分かっていて、保育園の大人に代わって環境だけでなく、環境に埋め込んだ保育の想いまで語ってくれているようなのです。

最近、早稲田大の学生さんの卒論につきあうことがありました。子どもたちは保育園で好きな場所を、どのようにとらえているのかを知りたいということでしたが、どの子も好きな場所だけを書くのではなく、そことつながった周辺との関係も絵に描きこんで、結果として鳥瞰図のような保育園の絵になりました。いろんな部分と「つながっている私がここにいる」ととらえられているようなのです。マクロとミクロの世界がつながっていることが、とても大事だと思うのです。

## 毎日の「生活の場」だからストレスレスの環境にしたい

私たちの園では、利用時間の長い子は、保育園で一二時間を過ごします。昼間のほとんどの時間です。でも、子どもは自分で選んで保育園に居るわけではありません。大人の都合に合わせてくれているのです。なので、子どもたちから、「ここの保育園は、疲れる」「もうイヤ！」「早く家に帰りたい！」と言われてしまったら（口に出してくれればまだ幸いですが）、そんな環境しか用意できなかった私たち保育者の負けだと思うのです。もちろん、今の日本社会の働き方は、子育て家庭への配慮が欠けていて、もっと家族が向き合う時間をつくることができる働き方を、社会の責任として整えていくことが絶対必要です。でも、そうなれていないのが現実社会としてあり、その現実を受け止めながら、家庭とは違うけれど、「居心地のよさ」を保育園の中に用意しなければと思うのです。

そこでまず考えたのは、不必要なストレスは取り除いた環境を、思いつく限り用意しなければということでした。

以前、スウェーデンのストックホルムや、デンマークのコペンハーゲンにある保育園を見せていただく機会がありましたが、表には「ダークヘム＝昼間の家」と書かれた看板が掲げられていました。居間（保育室ではなく、思わず居間と書いてしまいました）には、ソファーが置かれ、おしゃれな柄のカーテンがかかり、天井からは観葉植物が下がっていて、まるで誰かのお家に通されているようでした。

ちょうどその頃、朝のテレビに服飾デザイナーの森英恵さんが出られていて、なぜパリの人たちはセンスがいいのか？　というような話をされました。「パリの人たちはお金をかけずに、裏通りの小さな店で、こんな素敵な靴を見つけた。安かったと自慢し合うことが大好きで、そうした日常があるからではないか」ということでした。

デンマークやスウェーデンの居間とも思わされる保育室を見て帰ってきたばかりでもあって、見せたくないものは押し入れに突っ込み、戸で隠し、一方で一年中が誕生会みたいに、折り紙で作った輪飾りが飾られている私たちの保育園の現実との落差というか、貧しさ、センスのなさを痛感したのでした。

私たちの園でも、保育を見直し始めて以来ずっと考えてきたことは、学校ではなく子どもたちが昼間の生活をする処、「昼間の大きな家」でありたいということでした。倉橋惣三と出会い、生活保育の実践モデルと出会えたことが、私たちの想いをさらに力づけてくれたのですが、子どもたちが昼間の生活をする処＝昼間の家として、大人も子どもも共同生活者の一人として、共に自らの生活を創り出していくという生活理念は、私たちにとってとても重要な意味をもっています。

## 園舎のストレスを減らす

近年、塗料や壁紙を張るのりなどから出る化学物質が人体に悪影響を及ぼすことが分かって、シックハウス症候群対策はずいぶんと改善されたように思います。しかしそうした外部から不本意に持ち込まれるストレスとは違う、子どもたちのためと思って私たちがしている保育の中に、つくり出してしまっているストレスがあるように思うのです。

そこで、まずは園舎のストレスについて考えました。居心地のよさを決めるのは、物的な環境だけではありませんが、私たちの園では二〇〇一年度に、園舎の増改築を含めた大規模修繕に取り組みました。

改修を決断した大きな理由は、雨漏りがひどくなったからですが、子どもも保育者も親も、みんな「雨もり保育園」が大好きでした（園歌は〝雨もりほいくえん〟）。気取らず、ちょっと頼りない感じが、気が許せてよかったのだと思います。そんな大好きな園舎を壊してしまうのはもったいないと、親も参加した「建設夢会議」では全員がそう思っていました。関西の保育実践で、家なき家の保育実践や、最近では森のようちえんの実践が広がっているのを見ても、雨風しのげれば保育はできるという想いもありました。

## 一緒に生活を創り出す家

そこで、あれもこれもと、機能を強化していくことではなく、これまでの使いづらさを改善し、自然を相手にして、ゆったりした時間とたっぷりの経験が保障できて、「落ち着ける　居心地がいい　いつまでもいたい」環境が用意できたらということでした。それはむしろ、不完全さ（住む人が加える手仕事の出番）があちこちに残っている生活でしょうか。子どもと一緒に生活する家、一緒に生活を創り出す家です。

**そこで、一つ目としてこだわったのは、建物は木造にしたことです。**都市部では、法律の規制から叶わないこともありますが、木というのは生命ある存在で、永年共に生きてきたからでしょうか、「気持ちがいい」「なじみがよい」と身体が感じているのです。共有するＤＮＡがあるのでしょうか、無機質な鉄や石とは違う距離の近さ／親密さがあるのです。しかし、建物が建つと、屋根や壁がつくり出す線が、空間に境界の仕切り線を入れていくことになるのですが、人の造った物は直っすぐな線やせいぜい人工的な曲線が多くなります。そうした線で空間が区切られると、そこに緊張が生まれてしまうのです。作家の井上ひさしさんが、講演で会場となった施設を、田んぼの中におもちゃ箱をひっくり返したような建物と評されたことがありました。有名な設計事務所が手掛けた建物なのですが、私が見ても景色におさまっていない違和感は明らかでした。このように、景色の中におさまりの悪い異質の仕切り線が入ってくると、人間は落ち着かなくなるのです。

それに比べて自然は一つとして同じ線や形を持たない多様性があります。庭に木を植えたいのは、そうした線が発する緊張を緩めてくれる効果があるからです。部屋に観葉植物を置くのも、同じような効果が生まれます。木造の建物でも外形は人が造ったものなので、直線が多くなってしまいますが、木目が自然の曲線を見せてくれたり、不規則な節目の模様は、緊張を和らげてくれているのだと思います。触っても温かいし、柔らかいし、おまけに声や音や湿気も吸収してくれるのです。それに、木造は増改築が容易なのです。

## 古民家のような家

さて、大規模修繕でこだわったのは、前からあったような建物に仕上げたいということでした。新しくなると、汚さないように、傷付けないようにと、建物が住む人にストレス（緊張）を与えるからです。そこで、保育園のスタッフみんなで考え出したのは、古民家みたいな家でした。旅に出かけるとよく出会う古民家ですが、自分の生活歴はそこにないのに、なつかしさや身体へのなじみのよさがこみあげてくるのは何なのでしょうか？　それはきっと、人間が、生活しながら使い込んで、身体になじませてきた、家と対話し、手を加えてきた時間にあるのだろう。つまり、私たちは建物から、そこに住んでいた人が暮らしながら染み込ませた生活の跡まで含めて、読み取り感じ取っていたのだろうと思うのです。なじむということは、異質という認識を解いていくことです。

私たちの園は、初代園長が明治三〇年からの歴史を刻んだ兵舎の食堂を払い下げてもらって建て

た園舎です。ここに移築して、保育園として使うようになってからも子どもたちとの生活が刻み込まれて、暮らす人の生活にすっかりなじんで、身体の一部にまでなってきていたように思うのです。そこにまた、新たな暮らしの葛藤を刻み込んでいきたい。一二〇年の時を刻んで、さらに未来に生きるのです。

一方、知らないところで誰かが考えてつくった便利な物には、私の、私たちの、生きて葛藤した物語が埋め込められていない分、使いこなしてなじませるまでには相当の時間がかかったり、なじんでくれなかったり、愛着が湧かないなどが起きるのだろうと思うのです。

保育室（保育をする部屋。当たり前に使ってきた名称ですが、こういう言い方も本当は変えたいのです）と縁側を仕切る建具も、強化ガラスに入れ替える（割れることを知ることも大事な経験でしたが、ガラスでの怪我は避けたかった）ために新調しなくてはなりませんでした。そこでそれまで使っていた建具と同じデザインにするなどして、卒園児が持って巣立った原風景をできるだけ残すことにもこだわりたかったのでした。

最近、かつての親が今度は孫の送り迎えで、四〇年ぶりに園に来てくれたのですが、「昔と変わっていないねー」と第一声。たくさん改善を加えたけれど、それらがでしゃばっていないことも確かめられました。そして子どもたちも、何事もなかったかのように、新しい園舎を受け入れてくれて、自然に生活を始めてく

れたのでした。

## 自然との共生

**二つ目のこだわりは、自然との共生です。**外と部屋の間には、前述したように縁側を用意したのですが、これまでの一間（一・八ｍ）幅では狭くて使いづらかったことから、倍の二間幅に広くしました。日本人は自然を暮らしの中に取り込むことを得意としてきた民族です。床の間に飾る生け花や盆栽も、できるだけ自然の形を意識する。掛け軸やふすま絵にまで花鳥風月を持ち込んで、時としては猛威を振るう自然であっても、恵みをもたらすほうに価値を向けて、まさに自然と一体の生活を心地よしとしたのです。

ところで、研修会や会議などで、ホテルの会議室のような窓もなく周りを見渡しても人工物しかないところにいると、一時間もしないうちに外の空気が吸いたくなるものです。これはおそらく人間が、他の生命と一緒に暮らしてきた永い経験から、脳より先に身体が違和感を感じ始めていることだと思うのです。自然と共にいることで安心ができたり、リラックスができたり、あるいは五感を呼び覚ます刺激（スイッチ）が、自然の中にはたくさんあるのです。けれど、人工物にはそれが少なくて、外と私の身体に内包された自然との対話のチャンネルが開かず、自分が閉ざされてしまうことへの不安を、身体は頭より先に敏感に感じとっているのだと思います。都市の空中庭園や水辺の考え方も、同じ気づき方から始まったことなのでしょう。

## 疲れたらゴロゴロできる

**こだわりの三つ目は、疲れたらゴロゴロするところがあることです。**緊張を保ち、常に集中が求められる学校の教室のようなしかけと違い、自分にとって居心地のよい場所を探し選べたり、あるいはゴロゴロできたり、ボーッとすることが保障されたら緊張はかなり軽減されるでしょう。夢中で遊べば疲れる。疲れた時はゴロゴロできたらいい。休憩したい時だけでなく、生活そのものがホッとできて落ち着いて過ごせて、自分のスタイルでくつろげたら、長い保育時間も、少しはゆったりと自分らしく過ごせるだろうと考えました。

友人の象設計集団の町山一郎さんは、ご自身のブログの中でこの園舎の面白さをこう語ってくれます。

「この園舎は、園庭に向かって床が少しずつ低くなり、庭に出やすくなっている（園庭に向かって開放的になっている）。園舎の奥に向かうとだんだん床が高くなり、一番奥には畳があったり、障子がはまっていて、走り回ったりすることを制限して静かに過ごす場所が用意されている。逆に園庭側は、縁側が開放的な中間領域として、ダイナミックな活動へと誘い込んでいて、それが面白い」

## 「くつろぎ」は新たな活動をスタートさせる大切な「スイッチ」

「RISSHO KID'Sきらり」の坂本喜一郎さんが大学院生の頃、「生き生きと活動する」ためには、その一方で「くつろぎ」の保障が大事ではないかと、修論にまとめる調査に協力をしたことがあります。研究の対象に選んだ二歳児の一日をビデオに収め、その中から丹念にくつろぎの姿と時間を拾い出し、分析をしたのでした。

これまで保育は、生き生きとした活動に関心が向けられることが多く、くつろぎの研究は建築学にはあるが、保育学や教育学にはほとんど先行研究がないそうです。

さて、三つの園の調査から、八二のくつろぎの姿が拾い出されましたが、そのうちの三五例を提供することができました。くつろぎの平均時間は、公立園二九秒、他の私立園三九秒に対し私たちの園は五五秒でした。一番長かった当園でも一分足らずの時間でしたので、この調査の結果には驚きました。それでも、他の園に比べてくつろぐ時間が長いのは、くつろぎが大人からも仲間からも、中断されることが少ないからだそうです。

また、くつろぎの姿勢については、他園はテーブルと椅子での生活が基本になっているのに対し、和光は座卓を使った床の生活になっていることから、くつろぎの姿勢もバリエーションが断トツに豊かだったようです。どかっと腰を下ろす、腹ばう、床に寝転ぶ、柱にもたれかかって座る、

滑り台や雲梯の上、ステージ（縁側に続く屋外ウッドデッキ）の修理で立てかけてあったコンパネ板も、倒れないかと確かめてから身体を預けて寄りかかって、くつろぎの場にしていたようです。園庭でのくつろぎは他園ではほとんど見られなかったとのことでした。

私たちの園では、子どもたちが昼間のほとんどを園で過ごすということから、当然疲れも出るだろう、ならば、ゴロゴロしたり、ボーッとする時間も大事と考えてきましたが、その時間が、わずか一分足らずの時間で、それまでの疲れを癒し、次への「新たな生き生きと活動する姿」に切り替えていく子どもの活力に感心しながらも、大事な時間でもあったことを、坂本さんに改めて教えてもらったのでした。

## 色と音からのストレスを減らす

**四つ目のこだわりは、余分な装飾をしないということです。**昨年、私たちの保育がＤＶＤ『わこう村和光保育園の子どもたち』（七四分、日本児童教育振興財団教育ビデオライブラリー㊾二〇一四）になり、渋谷で上映会がありました。渋谷の通りを歩いていて感じたのは、客を呼び込むお店の看板の多さ。中でも、ひときわ目立つ赤色看板の氾濫です。それはめまいを起こすほどでした。

私がよく利用する都内の大型書店の保育図書コーナーにも、似たような風景があります。ピンクや黄色系の色鮮やかな表紙や背表紙の本が氾濫し、そこだけが一年中満開の花園のようで異様なくらいです。そして明らかに周りから浮いていて、それはうるさいくらいなのです。こういう色使いが保育界の、出版社も含めた常識なのかもしれません。

そして、これがないと売れないのでしょう、保育雑誌には○○月の壁面飾りが毎号グラビアページを飾っています。それが悪いのか、保育現場のほうが求めるのか、保育室に季節の彩りを結構な時間をかけてまで演出することが当たり前になっています。本物の自然が窓の外や、通りの街路樹、住宅の垣根、近くの公園にあるのに、壁面装飾に力が入ってしまうのは、子どもたちを喜ばせたい願いと、それをしないと人工空間の保育室は一年中同じ景色で殺風景なのかもしれません。でも、そのような色どりあふれた壁面の装飾は、健康な時はあまり気づきませんが、疲れていたり、気持ちが落ち込んでいる時にはうるさいものです。子どもの施設だから可愛いほうがよいとか、子どもが喜ぶからと安易に考えて、子どもにこびた環境を私たちは持ち込みがちですが、問題なのはやはり、子どもの心持ちに反して、環境が必要以上にでしゃばると、それがストレスになるということです。

室内の家具や保育用品、おもちゃ、そして園庭の遊具も色鮮やかな、原色を使ったものが結構あって、内や外の景観のかなりの部分を占領しているところがあります。考案した人はいろんな効果を狙って作って、色にも意味を付けたのだと思うのです。しかし、その色は人間に過度の刺激と、引き寄せる力や興奮させる力を持っているので、氾濫するとうるさいし、落ち着かなくなってしまい、部屋や園庭がストレスになってしまうのです。

音もそうです。心がウキウキ弾んで、楽しい保育園を演出しようと流すBGMも、たとえ絞った音量でも気持ちが落ち込んでいる時にはうるさいものです。私たちは「生き生きと活動させる」ことには一所懸命になってきたけれど、「くつろぎ」については、関心が薄かったことを先行研究がほとんどないことが証明しています。

もう一つは匂いです。近くの中学生が職場体験にやってきます。七～八人の受け入れですが、いつもと違う匂いがするのです。何だろうなと思っていたら、学生の着ていたジャージの匂いでした。汗のにおいではありません。最近はやりの、芳香剤の入った洗剤が原因でした。そのジャージが保育園中を歩き回るので、そこら中に甘い匂いが漂って、困りました。匂いもストレスになるのです。

さて一方で、わくわくウキウキを演出しているのが遊園地です。遊園地は、訪れる人もわくわくしたくて集まってくるところです。だからわくわくするしかけを次々に考えるのですが、保育園はレジャーランドではありません。一年を通して生活する処なので、毎日の中にはいろんな日があるはずです。たとえば前日、家族で出かけて遅く帰ってきて、朝眠いのにむりやり起こされた。気持ちを立て直せずに園に来て一日ボーッと過ごす。親と気持ちがずれて、自分の想いを受け止めてもらえなくて始まった朝は、イライラをどこかにぶつけたいとか、ふさぎこんだりもあるでしょう。仲間のしているように自分もしたいのに、それがうまくできなくて、落ち込む時もあるでしょう。

そういうろいろんな朝の始まりや一日の過ごし方があるはずなのに、元気にしていることに価値が置かれ、期待されて、応援するしかけがあふれているとしたら、それを当たり前としてきた保育観が、子どもから見たらどうだったのかと、とらえ直してみる必要があるように思うのです。ボーッとしていたいとか、今日は構わないでほしい。そういう子どもの今の気持ちが分かり、寄り添える保育者でもありたいのです。

## 保育者の声もストレス？

もう一つのストレスは、保育者の声です。先に紹介した『子どもと学校』で河合隼雄さんが、

「子どもを『機械』のように考えて、『こうすればこうなる』と、教師がそれをコントロールしようとすると、思いのままにならな

| 観察した事項 | 肯定的な保育者―子ども関係の特徴 | 否定的な保育者―子ども関係の特徴 |
|---|---|---|
| 活動を開始・選択するのは誰？ | 子どもたちは、何を、いつ、どのように誰と遊ぶかを自分で選んで、一日の大半を過ごしている。 | 一日の大半の時間は、大人が決定した活動で構成され、大人が活動を開始し、コントロールしている。 |
| 子どもの製作物の展示方法 | 子どもの作品は自己表現として評価されており、そのためたくさんの作品が壁に飾ってある。 | 子どもの作品は、大人の基準にどれだけ近づいたかで評価されており、そのための少数の「模範」が飾ってある。 |
| 子どもの問題行動の保育者によるコントロール方法 | 子どものもつ内的な自己統制力を信頼した対話型のスタイル。（対話と合意にもとづいて、個別的に、大人への注意と変わらない口調で話をする） | 子どもの内的自己と自己統制力に信をおかず、子どもへの命令・非難・物理的強制など外的な手段に訴える対決型のスタイル（大きな声で、はじめからトラブルを予想したイライラした調子）。 |
| おしゃべりや悪口への対応 | クラスの中での子どもたちの会話が多く、うるさい。対立や敵意の感情の表現が許されている。 | 静かにさせようとする保育者の試みが頻繁になされる。子ども間の敵意の表現はただちに抑えられる。 |
| 子どもとの身体的な接触の頻度 | 身のまわりの世話をするとき以外にも、大人から子どもへの（愛情表現や慰めの）身体的なふれ合い行動がみられる。 | 身のまわりの世話以外には、身体的なふれ合い行動はほとんど見られない。 |

大宮勇雄『保育の質を高める』ひとなる書房、2006年、p.178より抜粋

いことが出てきていやになるのではなかろうか」

と書いているように、保育者が子どもを自分の思い通りにしたい、思い通りに動かしたいと思えば思うほど、保育者の想いに引き寄せなければならなくなり、指示や小言が増えてきます（指示／禁止／叱咤激励／雨あられ症候群とでも言うでしょうか）。するとそれに合わせて子どもの声の調子も高まって、会話も聞こえないほどにいつもざわざわした騒々しい環境の保育室になることがあります。

福島大学の大宮勇雄さんが、子どもに信頼を寄せて見るか否かの「子ども観」の違いは、その後の保育を決定的に変えるとして、前頁のような表を示されて説明しています。

子どもを信頼して、「あなたは、どう思うの？」「あなただったら、どうする？」と子どもに委ねて、その判断を聞いてみる態度を持つと、保育者の声はだいぶん和らぐのです。

平野朝久さんの『はじめに子どもありき』の中にもこう書かれています（九頁）。

「人間として善なるものへの信頼というのは、たとえ実際の行動に問題があっても、その子どもの心の中に善なるもの（向上心、良心が含まれる）の存在を認めようとすることであると言ってもよい。したがって、なにか問題となるようなことを起こしても、それは本心からではなく、きっとそうせざるをえない事情があったのだろうと思ったり、今は何かの理由から、あるいはちょっとした不注意から悪いことをしたとしても、本当は良い子なんだと思うことである。私た

ちのこんな育ちを支えたい

| 4歳 | 5歳 | 6歳 | 7歳 |
|---|---|---|---|

主 張　　　　　　　　誇り高き自己
制 心 が つ く ら れ る

認識能力が育ち、応答的な関係を通して調整する力や目的意識や見通しをもって行動するようになる

楽しさが分り、外界や周囲の人への興味・関心が広がること
を通してその中身が充実する

だすだけでなく、相手の思いを受け止める姿勢が身につくこと
「しつけ」の時期以降にその中身が充実する

を覚え、クラスや保育園の一員という感覚を身につけること
から5歳、6歳代にその中身が充実する

いるという感覚（自信やこのままでいいんだという自己肯定観）を培うこと
を通して土台が出来上がる感覚

「〜だけど〜する」
「だって〜だもの」
仲間がいるから
自分がみえる
友達を受け入れる矛盾
との格闘を応援しよう

もうすぐ5歳「5歳にいばるな」を微笑ましく受け止めよう頑張ったり、ふくれたりの5歳を認めよう

〜だからこうしよう　みんなでやれば面白い　一緒にやれた一緒だからやれた
仲間に磨かれて個が育つ
遊びや行事を通して、学びへの意欲や表現する力を育てよう

| 4歳 | 5歳 | 6歳 | 7歳 |
|---|---|---|---|

この表は、中京大学鯨岡峻さんの講義レジュメ「6歳までの子どもの育ちの概観」を参考に作成

就学までの6年間子どもた

0歳　1歳　2歳　3歳

言葉の誕生　歩行開始　自我の芽生え　わがままな自己

探索活動　自

身近な子どもとの間で友達関係を築き、その中で遊ぶ

2歳前後に始まり、保育園時代

周囲の人に自分とは違う思いがあることに気付き、自分を押し

1歳前後から始まるが、とくに2歳代の

集団で生活することを通して、集団で活動することの楽しさ

1歳前後から始まるが、とくに4歳後半

身近な大人との間で信頼関係を築き、それによって自分が大事にされて

乳児期に始まり、就学までの期間

泣いてもぐずっても
あなたの味方よ
手づかみOK
いたずらOK
意欲や好奇心を応援するよ

「イヤ」「ダメ」「自分で」
あなたのやる気を
大切にするよ
身辺自立と自律心を
ゆっくり育てる

僕が一番
みんな私の物
けんかはするけど
気持ちは分るよ
自己主張を
優しく見守ろう

0歳　1歳　2歳　3歳

ちは、たとえ他人からお人よしと言われてもなお、子どもに対してこのように思うことができるであろうか」

「人間として善なるものへの信頼によって、その子ども自身が、やがて自分の持つ善きものに目覚め、その自らの善きものによって立ち直ったり、よりよく生き抜くことができるようになる」

子どもに信頼を寄せて接することの大切さが、いかに大切なのかが分かります。そして、保育者の声もずいぶんと少なく、やさしくなるものです。

一斉的な指導や、食事などの生活場面（しつけ＝これも外から形をおしつける）になると、保育者の言葉かけも多くなる傾向があることも分かりました。こうした時にも、時間に追われる生活を見直し工夫し、子どもに選択の余地を持たせてゆるやかにしたり、生活が切り替わる時間に幅をつくり、できていることは信頼して任せ、手助けが必要な時には応援に回るようにすると、ここでも保育者の声はずいぶんとやさしくなるのです。

ところで、子どもの育ちを支えていくということですが、中京大学の鯨岡峻さんが、研修会で私たちに示してくれたのは「六歳までの子どもの育ちの概観」です。これは、私たちの発達のとらえ方に力強さを与えてくれました。それは、年齢を発達の節目としてとらえ、できているか／いないか、あるいはできるようにしなければと結果に評価の尺度をあてるのではなく、発達の中で次第に身についていく心持ちや意欲を、ゆっくりした始まりからより確かな力へと育っていく長いスパンのみちすじとしてとらえ、その育ちに「ゆるやかに、じっくりと」付き合い支える保育の大切さを後押ししてくれるものです。鯨岡さんが示してくれた発達観は一二四～一二五頁のようなものです。

このように、ゆるやかに、長い見通しを持ちながら、子どもが育ちの中で身に付けていく力に寄り添っていく、支えていく態度を持つことで、保育者の子どもとの向き合い方も、ゆるやかで温かいまなざしに変わって、子どもも窮屈な思いから解放されるのだと思っています。

## 3 保育園は生活の場
### 学びの場　育ちの場

### 「学びの場・育ちの場」としての保育園

「すべての精神の発達は、『やってみること』『自分が失敗してみること』からできていく。やってみないで何の自信がでよう。失敗してみないで何の経験が積まれよう」

和光の保育理念のベースとなっている、倉橋惣三の言葉です。子ども観の違いは保育の方法を決定づけます。大宮さんが整理してくれたように、一つの見方は、子どもは衝動的で無分別で、大人が教え導かないと伸びていかないとするものです。このような子ども観に立つと、子どもは目を離すと何をしでかすか分からない存在と見るために、気になる行動があると、「ほらきた」とばかりに道徳的アプローチに立って、正さなければならないと保育者主導で子どもを指導する／管理することに仕事の意義を求めます。これは子どもに「不信感を持った接し方」です。

もう一つの見方は、子どもはそもそも親から引き継いだ生きる力を内包して、自ら育とうとしている、自らを育てようとしている、変わろうとしている存在なのだと子どもを見る見方です。人間として育つに必要な環境を整えれば、子どもも自ら学び育つ存在であるということです。何かをしでかしても、それにはきっとわけや子どもの思いがあるとして、保育者は心理学的アプローチに立って、子どもの気持ちに寄り添おうとします。これは**「子どもを信頼した接し方」**です。

私たちの園は後者に立って保育をします。子どもの側に身を寄せて、子どもをじっくり観察してみると、大人の想像をはるかに超えた分別があるだけでなく、純粋できまじめで、失敗に懲りず何度も挑戦していく態度や、枠にとらわれない自由な発想、惹かれた興味や関心ごとには大人が感心するほどに夢中になり熱心に学び、抱いたあこがれには、自分もそうなりたいと真似て学び、学んで育つ力強さをもつ存在だということが分かるのです。

分かると書きましたが、分かると思った瞬間から、思いこみは始まるものです。分からないから、付き合っていく。付き合いながら一緒に考えていくということなのだろうと思うのですが、ここではとにかく、子どもは大人が考えているよりすごいぞ、と敬意をもって向き合わなければならないということが分かるということです。

そこで、そもそも子どもをどう見るかということですが、大人という存在を一〇〇点とみる。子どもはそこに至っていないと見る。そういう見方も変で、確かにまだ未分化な部分がある、未発達な部分があるけれど、整理・淘汰されていないがゆえにできることが子どもにある。逆に大人になってしまったらできなくなってしまうことがあるのです。

佐伯胖さん（田園調布学園大学大学院）は、「子どもはモノをケアしている」という言い方をされていますが、モノと対話する力は、受け継いだ縄文文化の世界観を見事に表現してくれます。また、他者の気持ちをくみ取る力も、大人は思考をくぐらせることをしてしまうので、私なりの解釈（ある意味偏見）というフィルターを通して他者を見てしまいがちですが、子どもは身体全体で直感的にというか、瞬時に感じ取る力を持っているように思うのです。

冒頭で長々と、研究者諸氏の言葉を借りて、宇宙史・自然史・人間史の視点から「人間」という存在を考えてきましたが、子どもという存在をありのままの人間として理解して、この子どもたちと共に生きることで、私たち大人も人間として生きることに交ぜてもらい、喜怒哀楽を共に分かち合いながら、はらはらしたり、ワクワクしたりして一緒に学ばせてもらう／育ててもらうということです。そのためには、子どもたちも、保育者も、共に、主人公として生きる「学びの場・育ちの場」に保育園がなっていけたらと思うのです。そしてまた親にとっても保育園は、**ありのままの姿で育つ子どもと、そこに向き合う保育者**との「出会いの場」「子どもの育ちの物語を語り合う場」「学びの場・育ちの場」なのだと思うのです。

## 生活を　生活で　生活へ

アメリカの発達心理学者バーバラ・ロゴフは、学校というシステムのない国の子どもたちが、どう学び育っているのかをフィールドワークをして調査研究している人です。ロゴフは、『文化的営みとしての発達』（當眞千賀子訳　新曜社　二〇〇六）の中で、社会構成主義（子どもは親から受け継いだDNAに基づくプログラムだけで育つのではなく、どんな時代に、どんな国のどんな家庭に生まれたのか、どんな人と出会い、関わり合い、どんな文化の中で育ったのかと、時代や社会や共に生きる人の影響を受けながら、自分も周囲に影響を及ぼしながら、お互いの関わり合いの中で形づくられて「今の私」があるという考え方）の発達観で見ていくと、学びの姿をよく理解できるとしています。そして、

「人間は、自らの属するコミュニティーの社会文化的活動への参加のしかたの変容を通して発達し、そのコミュニティーもまた変化する」

と説明しています（一一頁）。ちょっと表現が難しいのですが、つまりは、コミュニティーの中で、大人の生活や文化様式に交ぜてもらって、最初はまだ生産的な仕事はしていないけれど、そこに一緒にいること（いるだけ参加）や、見ていることが学びになっている（見習い）状態の参加から、次第に見よう見まねで真似てみたり、少しできることを手伝ったり（端くれ・弟子入り、序の

口参加）、そして次第にできることや任されることが増えて、参加の機会も増え（半人前）、やがてそこの生活様式や文化に身体も思想もなじんでいって、いつしかコミュニティーの一員として育ったことをコミュニティーが認め（一人前＝成人式）、みんなへの責任も引き受けられる「市民の一人」になっていくということです。

そこで、ロゴフの学びのとらえ方を案内役にして学び・育つとはどういうことか？　と私なりに整理してみたのが、下のような図です。

学び合い育ち合いの共同体とは、コミュニティーを構成する大人や仲間たちが、実際をそこでどう向き合い、どう生活を創り出しているのかも含んだ生きた生活モデル／生き方のあこがれモデルの

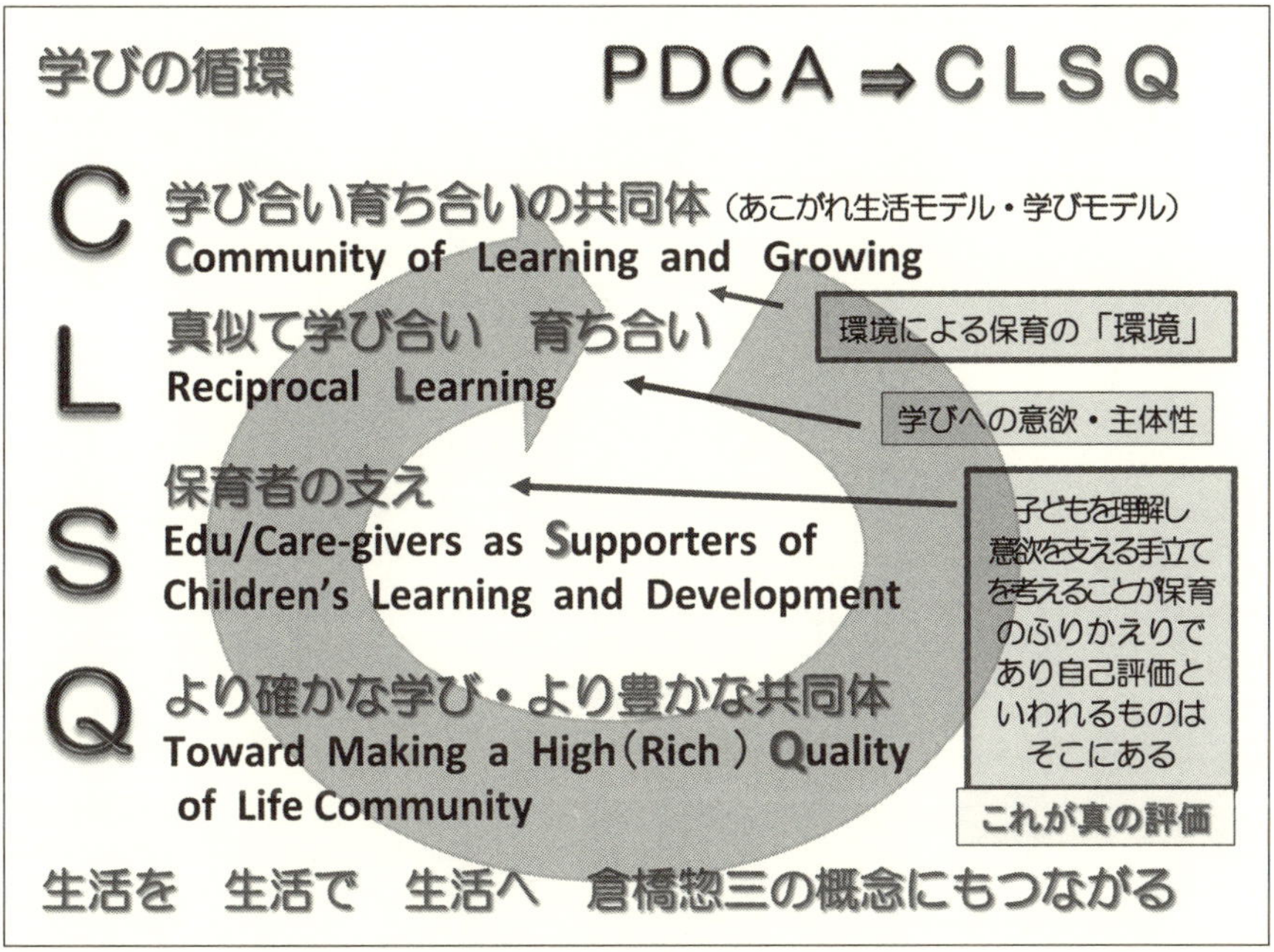

集合体＝コミュニティー（Community of Learning and Growing ＝C）であり、指針や要領が言う「環境による保育」の環境にあたるものだと思います。それはつまり、大人たち（先輩や師匠）が生きて見せてくれる生き方や生活文化（様式や思想／考え方）に、混ざって共に生活するということです。

そして一緒にいて見ている（一緒にいたい、いることがうれしい）状態や、興味関心を示して、同じようにしてみたいと周辺で真似てみる、できることで少しずつ参加をしていく（Reciprocal Learning ＝L）、保育者は子ども（学び手）のその学びや成長への意欲に気づいて、どう支えたらその子が主人公として生きられるかの手立てを考える（Edu/Care-givers as Supporters of Children's Learning and Development ＝S）、子ども自らが育とうとしている姿を保育者は理解して応援し（学び手＝子ども理解と子どもが主人公として生きることを支える手立て、向き合い方を考えるのが評価）、子どもたちが（あるいは大人たちも）コミュニティーの一員として参加する機会を増やしながら、学びを身に付けコミュニティーの一員として育っていく、そこを支える／応援する。結果、コミュニティーを構成する子どもも、その育ちに付き合える大人も育つことで、コミュニティーの質も高まり、生活の質も高まり、コミュニティーも成長する（Toward Making a High（Rich）Quality of Life Community ＝Q）。その成長し、質を高めた新たなコミュニティーは、新しいあこがれモデル、生活モデルになっていくという学びと成長の循環です（英語表記はこの本の姉妹本『葛藤編』に執筆もしていただいた立教女学院短大の森眞理さん）。この循環は倉橋惣三の「生活を 生活で 生活へ ＝生活という学びの場で、生活というプロセスを通して学び、学びを生活へ返し活かしていく」という言葉と響き合うものです。そして、これはESD（持続可能な＝生命が循環する＝社会の実現）の精神とも重なるものです。

## 「生きることに前向きな子どもに育つ」を支える

子ども自らが、育ちたい／変わりたい／できるようになりたい／学びたいと、生きることに前向きになれていくためには、子どもが遊びや生活を、主人公で生きられるように応援していくことだと思うのです。主人公で生きられるということは、前述した（七五頁）京都のT保育園の壊れた机の脚の実践のように、遊びだけでなく生活においても、「やってみれそうだよ」「やってみないか」と子どもの参加意欲をくすぐり、あるいは子ども自らが「やってみたい」と示す意欲を支えていく。そして、生きているって面白い／楽しい。上手くいかないことがあっても見守ってくれる。支えが必要な時は大人や仲間が傍らにいてくれる。そんな安心があって、不確実なこと、困難なことにも希望をもって挑戦してみる。分かりたい／でも分からない／どうすればいいんだろう？　こうしたらいいのかなと、試行錯誤することに面白さやわくわく感がもてる。そして、だんだんと分からなかったこと、知らなかったことが分かってくることがうれしい。仲間と過ごすことは一人でいるより刺激的でドキドキわくわくする。そして何より、生きることはうれしいこと、学ぶことは楽しいこと、人間って面白い、好き、と前向きに生きられる。そんな、子どもの成長を支えたい／応援したいのです。

## PDCAの問題性

厚生労働省が『自己評価のガイドライン』（二〇〇九年三月）として示したPDCAの評価サイクルは、もともとは工場などで物をつくる際の製品管理のための、成果主義の思想に基づいてつくられたものです。つまりそれは、目標を達成するために、同じ規格のものを歩留まりよくつくるために、改善を加えていくという手法です。子どもを育てるという営みは、工場の物作りとは違います。目標を立てて、そこに子どもを仕向けていくやり方を、当たり前としてきた保育現場の教育観があります。なので、指導計画はCheckして何度も書き換えていくと説明されても、根本が変われないと思うのです。保育者主導で保育を考えるという教育観から抜け出せないと、子どもを期待通りに動かすための、より効果的な方法をプランに上書きするくらいしか実際にはできない、あるいはそういうものという解釈が現実にあるように思うのです。〝初めに子どもありき〟で考えれば、たとえ保育者が子どものためにと投げかけた提案であっても、子どもがその提案にどう関心を向けてくれるか、あるいは関心を向けてくれなかったら、そのプランはアウトにしてしまうくらいの覚悟が必要なのです。ところが〝初めに保育ありき〟〝プランありき〟になってしまうと、たとえば子どもの心持ち（興味／関心）からずれた提案だった場合でも（保育者が子どもと対話しないで立てたものは、ずれたものが多いものです）、強引にプランに引き込もうとしたり、あるいは、プランからはみ出る子は困った子にしてしまう。あるいは、保育者の立てた流れと違う反応が返ってくれば、

「やめてちょうだい」「それは後にしてね」「今は待っててね」と、いうことがしばしば起こり、プラン通りにしか過ごせない守りの保育になって、創造性の欠けた「ライブ感のない、想定した枠の中で収めたい保育」に陥ってしまうことが起きかねません。

毎日の保育は二度と再現できない一期一会の営みであり、子どもたちがいて、保育者がいて、その相互の関係の中で、共に今を生きるためにお互いが応答的に向き合い、知りたいこと／できるようになりたいこと／学びたいことの中から可能性を探しながら、日々織り上げていくものです。試行錯誤の中に分別（判断）があり、それは分かっていくプロセスの中にある。つまり、結果さえよければ途中は何があったかはどうでもよいという、乱暴な営みとは一線を画したものなのです。

## 保育にビジョンを持つ

子どもがどんな大人に育ってほしいのか、今の社会はその育ちに対して、どんな問題があるのか、あるいは有効なことは何かをきちんととらえ、そのために子育てや保育はどうあったらいいのかといったビジョン（描く理想のイメージの視覚化）を持つことが必要です。子どもが育つという真実と現実社会の狭間で、葛藤しながら描き出すビジョンです。

そして、立てたそのビジョンでいいのか、進む方向性は間違っていないか、ずれていないのか、解決に向けての具体的柱立てはできているのか（ミッションが明確になっているか）、実践に下ろされているか（アクションとして実行されているか）、成果は表れているかと見ていくことがとても大事ですが、これは同じ評価でも英語で言えばエバリュエーション（evaluation）と言われるものです。つまり価値（バリュー）があるか／ないかでみていくわけです。子どもの育ちを大局観（大きな流れの中）で見ていく、そこをとらえればＰＤＣＡの手法も少しは役立つのかもしれません。

しかし、ガイドラインでの説明は日々の保育の自己評価に視点がおかれていて、これはおかしいのです。保育の成果は結果にあるのではなく、日々に展開する生活や遊びのプロセスで出会う試行錯誤の中に学びや育ちがあり、そのプロセスそのものが成果なのです。

取り組みの過程でどんな学びの機会と出会い、どんな学びがそこで生まれたのか、発展したのか、どんな育ちの姿があったのか、そこで保育者はどんな援助をしたら、子どもが主体的に参加できるのか／より確かな学びになれたのかと見ていくことが大切なのだと思うのです。この評価は先ほどのエバリュエーションに対して、アセスメント（assessment）という評価方法で、英語では区別して使われているようです。

プランを目標にして達成度で評価してしまうと、プランに合わせられた子がいい子、ついてこれた子がいい子、はみ出したり付いていけない子は困った子と見る評価が、大手を振ってしまうことになりかねないことを、私たちは意識しておかなければなりません。

そこで、「学び」のとらえ方を根本的に見直す必要があります。それは、教える側に主体を置くのではなく、学ぶ側に主体を置いて、「学ぶ」ということをとらえ直してみる。つまりは押し付け覚えさせる「学び」ではなく、学ぶ側の、「学びの意欲＝選び求める学び」に関心を向けて、支え応援していく保育を創り出していく必要があるのです。

## 4 保育者の役割

### 保育者とは何か?

これまでの教育（保育）は、先生は教える人、子どもは学ぶ人と分けて、それがそれぞれの役割と考えることが一般的だったのではないでしょうか。それは「子どもはまだ未熟な存在」ととらえて、大人が教え導かないと伸びていかないと考えていたからです。

知っている人（そう思いこんでいる大人）から知らない人（と思いこまれてしまっている子ども）へ、知識や経験を授け伝えることが保育者の役割で、そうすることが保育と思いこんでいた私たちがいます。お互いの関係を役割で分けて考えてしまうと、保育者は～する（してあげる）人であり、子どもは～される（してもらう）人といつも受動的になって、保育所保育指針や幼稚園教育要領が謳う子どもの主体性が隠れてしまうのです。しかも、そこでの学びは、先生が言葉で伝え、子どもはそれを聞いて学ぶという「狭い学び方」に閉じこもってしまっています。

それは、保育者自らの学校での授業体験が根っこにあり、保育もそのイメージをモデルにして描き出すことを当たり前と思っていたからではないでしょうか。それゆえに、関心も多くが指導者側の指導方法に向けられ、指導したい私、何かしてあげていないと落ち着かない私が、心の中にいつも住んでいたように思うのです。

私たちの園では、保育の見直し以来、保育者は自分を「先生」と呼ばないということを、意識して実践してきました。常に意識しないと、「先生したくなる私」がつい表に出てきてしまうからです。実は保育者も子どもに育てられている、親にも育てられているのに、保育者だけが「先生」と呼ばれたり、自分から先生というのは変だからです。そこで子どもも大人もお互いに信頼すべき一人の人間として、お互いを「〜さん」と意識して呼ぶようにしたのです。その上で、保育者には次の三つの役割があるのではないかと整理したのでした。

## 保育者の三つの役割

一つ目の役割は、お互いに「〜さん」と呼ぶように、まずは「仲間という対等な関係／同僚的な関係」で向き合うということです。先生と生徒ではなく、まずはお互いが「遊びの仲間」「生活者の一人」として、遊びや生活を一緒に創り出す関係の中で生きたいということです。ところが、この水平的関係は、頭では理解したつもりになっても、実際はなかなか大変なものです。ついついおせっかいをしたり、上から目線で指示したくなったり、子どもが表現してくるまで待てずに、早くまとめてみたくなる自分が顔を出します。
しかし、重要なことは、共同生活者、そして共同探究者、共同研究者として、生活を共にしながら、共に喜んだり悲しんだり、悩んだりする。くやしがったり、怒ったり、考えたりもする、共感／共同の関係にまずはなる、そこをベースにするということです。
ところで、仲間や共同という関係が重要であっても、それだけでは専門性を身に付けた保育者の役割が見えてきません。

そこで二つ目の役割は、保育者があこがれのモデルになるということです。私たち保育者は、大事にしたい生活文化を、自らが生活モデルとなって「生きてみせる、生活して見せる」役割を担います。また、子どもの視点に立って寄り添う保育者の生活態度が、親子の向き合い方モデルにもなるなど、ここでの生活のありようがまた、家庭の生活モデルであるという意識をもって生きる役割があります。

三つ目は「子どもが生活や遊びを主人公で生きることを応援しながら、時として子どもに気づいてほしいこと、学んでほしいことを陰に廻ってゆさぶりをかける影の仕掛け人としての保育者」です。ここで大事なのは、必殺仕掛け人にはならないことです。仕掛けた活動に、子どもがいっぺんに食いついてくるようでは、保育者がでしゃばりすぎている、仕掛けが強すぎたと考えます。ある子が関心をまず示し、次第に周りの子に感染していくくらいの仕掛けが日常としては重要なのですが、時には本吉さんたちの「片付け」の実践にあるように（前出五三頁）、子どもに考えてほしいこと、気づいてほしいことなどを、保育者の願いとして全員に仕掛けていくことも起きるでしょう。気づかせる／子どもから気づく。微妙な違いですが、影の仕掛け人としては、「子どもから気づく」を待ちたいのです。

さて、その上で「これが一番大事」としていることは、子どもが自ら判断して選び取ることを支える保育ということです。私たちは大人になっても、他人から指図されるより、自分からやろうと思ったら気持ちよくできるものです。大人（保育者）が学びの価値を決め、その学び方の手順まで子どもに押し付けてしまうと、押し付けられたほうの子どもは窮屈になります。平野朝久さんが学ぶ者の論理として言うように（八七頁参照）、紆余曲折を経た自らの確かな学びになれません。それだけでなく、従っているほうが波風が立たないし、自分で考えないほうがよいということや、与えられるのを待っていればいいことを学んでしまう。そうだとしたら、どうでしょうか。私たちは好奇心に導かれる〝意欲〟や、仲間の力を支えにしながらも自分でやる、やれたという経験を大切にしたいと考えています。

そこで、保育の大きな流れは保育者がつくりながらも、日々の遊びや生活の中で出会う判断は、可能な限り子どもたちに任せて、試行錯誤する時間をたっぷり保障していくことにしました。ここで言う大きな流れとは、子どもが自分を表現しやすくなるように環境や、子どもにも手が届き、共に参加ができる生活文化をデザインしたり、七一頁で紹介したように、生活の質的変化から年を四つに分けて、ダイナミックに生活目標をとらえたり、一二六頁の鯨岡さんの発達観のとらえの助けを借りて、成長と共に身に付けていく力を長いスパンで支えていくなど、子どもが育つに必要な環境のありようや、俯瞰した発達観を保育の心棒としておさえるということなのだと思います。

本吉さんの生活保育の実践からは、子どもの主体性と保育者の願いとの葛藤（格闘）が織りなす保育の思想や具体的な事例をたくさん学ばせてもらいました。実際の遊びや生活では、これら三つの役割は独立しているというよりも、むしろ重なり合い、絡み合いながら、織りこまれていくことになります。

子どもが主人公として生きることを、保育者として支えるためには、どういう立ち位置に立って向き合えばいいのか。それを、私たちは三つの役割として考えたのですが、向き合い方の心構えとして次のことも大事にしようと思いました。

- ・子どもが目を輝かし、生き生き熱中していることを支えよう
- ・子どもの目の高さになろう／子どものつぶやきに耳を傾けよう（保育は子どもの気持ちを受け止めることから始まる。子どもの心持ちに身を寄せて、行動や表現の意味を探ろう）
- ・一人でいたい。ボーッとしていたいこともある。その意味を支えよう
- ・失敗は学びの原点。たくさんの失敗ができるところにしよう。「失敗しても大丈夫」の安心を用意しよう

・子どもと対話して創り出す遊びや生活を大切にしよう（大人の一方的な価値観で、子どもをひっぱったり、ふりまわすことのないようにしよう）
・整え過ぎないようにしよう。整えると緊張するし窮屈になる。思考も終焉する。混沌、あいまいさの中に多様な価値や出番がある
・結果を急ぐな、じっくり待とう。つきあおう。その子が返してくる表現に関心を向けよう
・型にはまらない保育をしよう（マニュアル化・画一化は〝考えない保育〟に陥る）
・本物に出会うことで本物が育つ。人間も物も、本物はすごい、奥行が違う
・子どもと関わることで、親は親になっていく。子どもの学びの姿や育つ姿の手応えを親に物語ろう。共に語り合い／分かち合う関係を磨き、「育ち合いの保育」を深めよう
・保育者集団は偏った人柄集団。人間が育つには、多様な人間と出会う必要がある。子育てを保育者が引き受けてしまうのではなく、親も加われば、もう少し間口の広い、奥行きのある人間モデルと出会える
・町のいろんな人に頼ろう。面倒をかけよう。世話になろう。保育園の中で出会えること（経験）は限られている。保育園の中で完結しようとせず、地域の多様な人に力を借りて、地域の総がかりで支える子育て文化につなげていこう
・子どもとは何か？　人間とは何か？　子どもも親も保育者も、「子ミュニティー」の一人として育つには、どんな支えがあったらいいのかを、保育の周辺領域にも目を向けて、多様な視点から常に考え続けよう

## 園長は偉いの？

保育者とは何か？　という視点から、子どもとの関係について考えてきましたが、職場でのスタッフ同士の向き合い方も、理事長・園長が上、保育者が下というピラミッド型ではなく、水平にならんだ対等な関係を私たちの園では意識してきました。水に投げ込まれたいくつかの石がいくつもの波紋を広げながら、時にはぶつかりあったり溶けあっていく。そんなイメージでしょうか。現場の保育者は、目の前にいる子どもとの日々の葛藤を通して、子どもとは？　保育とは？　子どもが育つとは？　を語ります。フリーの主任や園長は、子どもとの距離が少しある分、全体が見えるし（逆に部分は現場の保育者から語って貰わないと見えないことが多い）、社会の動きや環境の変化の視点、保育理念と対話した見方もしやすいので、その立ち位置から子どもを語り、保育を語っていくわけです。置かれた役割の中で、それぞれがそれぞれの立ち位置を生かし、多様な視点から語り合い／分かち合うことを通して保育を高めていくわけです。この対等で水平な関係は、親との向き合い方も同じです。子どもも親も保育者も、だれもが主人公で対等で民主的なコミュニティーの一員です。

近年、森眞理さん（立教女学院短大）がガイド役になってくれて、ニュージーランドの保育実践と出会いました。世界中から注目されている保育実践の一つですが、そこで練られた乳幼児教育カリキュラム「テ・ファリキ」（Te Whāriki　一九九六年～）や、その保育実践をふりかえり、次への手立てを導き出していく「ケイ・トゥア・オ・テ・パエ」（Kei Tua o te Pae　マオリ語で〝地平線を越えて〟の意）の保育理念でも、保育者と子どもの関係は上下の関係（Power over）ではなく、水平対等な関係（Power with）で向き合うとしています。それは、子どもを信頼することから始め、子どもの表現には意味があり、その意味を、学びの姿としてとらえて、そこに向き合い支える保育（者）の実践を、国を挙げてしているのです（詳しくは、『子どもの学びをアセスメントする』マーガレット・カー著　大宮勇雄・鈴木佐喜子訳　ひとなる書房　二〇一三、『保育園における「こどもの育ちと学びの分かち合い」への招き』全私保連　二〇〇八参照）。

子どもが自分自身を生きるということは、自分らしい表現ができるというだけでなく、それを受け止めてくれる大人や仲間が傍らにいてくれることも重要です。

津守眞さんも、「子どもの日常を共に生きつつ、時には他の大人たちに向かって子どもの心の通訳者の役目を荷うこととなった」、保育者の役割は、まさに「子どもが表現することは、受け手がいることによって、もっと活気を与えられ」「子どもの言葉の通訳（言語化する）をする」（特別対談・二〇一一日本保育学会）と語っておられます。

また、同時に、周囲の他者にも気づかう、みんなのためにと役割を引き受け、共に生きる関係にも責任をもって生きていることだと思うのです。それは保育園という時間だけでなく、自分の一生を人間として、自分らしく生きていくためにも必要なことではないでしょうか。保育園は、そういう人生の最初の数年間だけれど、子どもたちが共に生きる仲間という関係の責任を引き受けながら、「自分自身を自分らしく生きること」のお手伝いをさせてもらう。そして、私たち大人も育ててもらう、そんな時間なのだと思うのです。

## 保育者同士の共同性

私たちの園では、生活リズムの違いから、年齢でクラスを分けて、それぞれに担任がいます。ところが、子どもが自ら輝いて過ごす時間を大切にしたいと、午前中はお腹が空くまで、好きなところを見つけて、好きな仲間と過ごしてよいとしたために、クラスの子どもが担任のところに居てくれないことが日常的に起こるのです。

お家の人が迎えに来た時に、「うちの子、今日どうでした?」と聞かれて、「さぁ?」と答えるわけにいきません。そこで保育者は、自分のクラスの子に一番の関心は持ちながらも、クラスを越えて子どもと付き合い、どこでどんな遊びをしていて、そこでどんな会話のやりとりがあったとか、こんな面白そうなことをしていた、その姿からはこんな成長を感じたなどを、保育室や園庭のあちこちで、子どもの耳より情報を、担任に伝えるのです。私たちは幼児棟のトイレを第二職員室と呼んでいます。これは非公式な子ども情報の交換の場とでも言うのでしょうか、その一つの象徴的な言い回しで、第三、第四の職員室が園庭や室内のあらゆるところにあるということです。公式な職員会議も毎週一回、夕方から夜にかけて開かれますが、クラスを越えてみんなで子どもと向き合うことで午前中の保育を支えています。

このように、子どもの情報交換が、私たちの保育の命ととらえ、クラスを越えてみんなで保育をするようになりました。すると、このことから思わぬ副産物が生まれました。担任がクラスを任されて、苦手なピアノもあれもこれもとすべてをオールマイティにこなさなければならない保育から解放されたのです。飼育の好きな人、料理の好きな人、音楽が好きな人、身体より頭を動かすほうが得意な人やその逆など、それぞれが得意なことで引き受け、苦手なことは助けてもらう保育ができるようになったのです。ちなみに園長は大工仕事や土木仕事が大好きで、補修や生活に必要なものを作ることを任されます。作業を始めると、その仕事や道具が好きな子が集まって来る。「手伝いたい」と言ってくる。そして、子どもたちの手伝いにも頼りながら、修繕や生活道具づくりのワークショップでしょうか、小さなコミュニティーでしょうか、が動き始めるのです。このように、それぞれの得意が発揮された多様な人柄が織りなす生活が、小さな宇宙として回りはじめ、そうした小さな宇宙の集合体が、ここの生活を創り出すのです。その中で大人（保育者）は、子どもたちのあこがれを生きてみせ、子どもたちはその周辺で、一緒に居るだけ参加、見習い参加、見よう見真似の参加を始め、次第に任せられる仕事へと参加の度合いを深めながら、生活者の一人に育っていくのです。

## 似たもの同士の保育者集団

保育者として、クラス単位で均質な能力をそろえなければならないことから解放されて、多様な人柄の保育者で織りなす保育が少し考えられるようになりました。しかし、それでも保育者というのは、案外似たような人が集まっているものです。子ども好きで世話好きで、おひとよしな、そして、男性保育者も増えてはきましたが、女性が多い集団です。そして保育園の場合は、「保育士」という同じ資格を持った人ばかりが集まっている社会です。人間が育つということを考えたら、保育者という狭い専門性や人柄だけでは伝えきれない、もっと多様な価値観や人間モデルにも出会う必要があるのではないか。そう考えて見渡したら、すぐ近くに親がいたのでした。親たちに加わってもらえたら、もう少し間口の広い、奥行きのある人間モデルに子どもたちを出会わせてあげられるのです。親たちも、自分の子だけの狭い子ども観ではなく、多様な子どもの姿や親の姿とも出会える。それは、子どもはこうあるべき、親はこうあるべきという固定観念からも解放されることにもなるのです。

和光の職員会議

# 3章

## わこう村「子ミュニティー」
## 育ち合いの場をつくる

### 生きている愉しさが響き合う

1

# 「親が育つ」に寄り添い、支える

## 子育てを保育者が引き取ってしまうとどうなるのか？

私たちが子育てや保育の専門家だとして、親に代わって子育てを引き取ってしまうと、とたんに親は素人に成り下がってしまい、親としての出番を失ってしまいます。この頃、「専科」の先生を頼んで、より専門的な（？）保育をされているところがよくありますが、専門家にしかできない保育では、素人（親や祖父母）は手が出せなくなって、委ねるしかなくなってしまうでしょう。育つということは、言い方を変えれば「これまでの私」から「新しい私」に変化するということです。育つが、専門家任せになって子育てから親が離れてしまうと、〝子ども理解〟も子どもの心持ちを理解することから離れてしまいがちで、親として育つチャンスを失ってしまうのです。

親が忙しいから、あるいは保育は私たちの仕事だからと、親を子育ての観客席に追い出してしまったら、親自身はどこでどう育てばよいのでしょうか？　子どもが生まれてせっかく親になれたのに、子どもと共に同じ時間や経験を共有できないと、できたか／できないか、上手いか／下手かと、他の子どもと比べて我が子を序列化し、上位にいれば喜び、劣位にいれば焦るといった、大人本位の子どもの見方が育ってしまうのではないでしょうか。子どもが育つプロセスの中で、仲間と喜怒哀楽を分かち合い、葛藤しながらどんな学びを経験したかも親は知らないまま、もちろんその心持ちを受け止めることもうまくできないとしたら、お互いの信頼関係や安心・安定した関係をベースにした親と子の関係性が育たないのです。子どもと共に生きようとする親へと成長するチャンスを逃してしまうのです。そして、子ども理解が浅くなると、親は自分の思いを子どもに一方的に押し付けることが多くなります。そうなると、子どもは親に気持ちを受け止めてもらえないし、「私」を押し出すこともできずに、親の顔色に気をつかうといった親子の関係が育ってしまいます。今、連日のように日本中で起きている虐待や親殺し、あるいは見ず知らずのまったくの他人を危めてしまうなど事件の背景が、こうした親子の関係性の中にあり、個々の家というよりも社会全体の背景としてのしかかっているのではないでしょうか。

ここで言いたいことは、専門家は手を出してはいけないというのでは、もちろんありません。これまでずっと書いてきたように、育つ主人公は子どもであり、親であるということです。子どもや親の気持ちに身を寄せて、どう向き合うのか、どう支えるか、どう応援するかという役割を専門家として（あこがれモデルとして生きることも含めて）担うということです。相手の分別に身を寄せて、時には学びを応援するために揺さぶりをかけることもしながら、どう向き合ったら、命が輝いていられるように応援できるのか、共に今をここで過ごす関係が創り出せるのかを、磨いていくことは、専門家としての力量を高めていくことにもなるのです。

## 子育ては子と親が共に育ち合うプロセス

ところで赤ちゃんは、お世話してもらうだけの何もできない存在かと思いきや、泣き声一つで新米のお母さんやお父さんを育てています。「あれ泣き出したぞ？」最初はわけが分からずに、おむつかな？　おねむかな？　とオロオロするけれど、「そういえば昨日も今時分に泣き出したな」「そうか、お腹が空いたんだね。今おっぱいあげようね」と気づける親になっていくのです。

赤ちゃんがお母さんの顔を見つめてくれて、「そう、お話したいの」「お話しようか」と語りかける。もう少し大きくなると、何かに気づいて「あーあー、うーうー」と指差しを始める。「ほんとだ、ブーブーだね」「ほんとだ、きれいな花が咲いてるね」と子どもの心持ちに寄り添い返していく。そして「教えてくれてありがとね」「あなたのこと大好きだよ」と返すことができれば、子どもには〝私はいっぱい愛されている〟〝私は大事な存在なんだ〟という心が育っていく。子育てはこういう練習をいっぱいさせてもらいながら、親になる私を育ててもらう時間を子どもから頂いたということだと思うのです。

これは、臨床心理士の橋本洋子さんから教えてもらった、あるお母さんの出産の話です。橋本さんが、以前勤務されていたその病院では、生まれるとへその緒の処理だけをして、赤ちゃんをお母さんに抱いてもらい、お母さんと赤ちゃんの最初の関係づくりを大切にされています。

まさに今、生まれ出てきた赤ちゃんが、お母さんのおなかの上に置かれたところから、物語は始まります。その赤ちゃんを見てお母さんは、「今私の身体から出てきた得体の知れない物体」と表現されるのですが、産毛が濃いことや爪が伸びていることなどを触って確かめていくうちに、しだいに生命ある存在として赤ちゃんを受け止められるようになっていきました。そして、この子の骨格はお父さんに似ていることまで気がつきました。うつ伏せの赤ちゃんは、一所懸命に首をもたげます。母親のおっぱいを探すかのようなその動作に、「お腹が空いてるの?」と助産師さんが抱きかかえて乳首を含ませてあげます。お母さんも「飲んでくれるかな!」と期待をするのですが残念、すぐに離してしまいました。ところが小一時間も経ったでしょうか、お母さんの身体が自然に赤ちゃんを応援して、体の向きを微妙にかえたりしてくれて、ついに赤ちゃんは自力で乳首にたどりついたのです。「吸ってくれるかな?」そして、次の瞬間お母さんは叫ぶのです。「吸った!吸った!」と。そして今度は、ぐいぐい吸い始めたのだそうです。お母さんは、すぐに離してしまった先ほどの赤ちゃんと、いま吸っている赤ちゃんを見て、「はたで何かさせようと思ってもしないのに、自分からしようと思ったらするんだ」と気づくのです。まだ生まれたばかりの赤ちゃんが、お母さんにこんな大事なことを教えたのです。

私たちがこの親子の出会いの物語から学ぶことは、子育ては、親が子どもに一方的にする行為だと思ってしまうけれど、実は赤ちゃんがお母さん(親)を育てている。つまり子育ては、親と子どもの相互の育ち合いのプロセスなのだということです。本当にそのとおりです。

子育てが親と子の相互の育ち合いのプロセスならば、子どもと親と保育者で学び合い/育ち合う関係を、豊かに創り出すのが「保育」なのだととらえることができるのです。親は子どもと関わり合うことで、親として育っていく、保育者も子どもと親との関わり合いを通して育ててもらっているということです。逆の言い方をすれば、子どもと関わることなしには、親は親として育つことができない、子どもと親と関わることなしに保育者として育つことができないことになります。子育てでもらった時間は、親も親として育ててもらう時間なのですから、「親に代わって引き受けてしまう子育て支援」では親が育つ支援にまでは届いていないことが分かります。そして保育者を育ててもらう保育にも届いていないことが分かります。

## 親が親として育つことを支える保育の必要性

では、具体的にはどんな支えが必要なのでしょうか。そのヒントが、卒園文集にありました。私たちの園では、毎年卒園文集を出しています。もう三〇年になりますが、最初に出した文集から大事なことを教わりました。それは、親に原稿をお願いしたのですが、どの親も子どもと一緒に参加した遠足や運動会の思い出しか書いてこなかった（書けなかった）ことでした。普段の保育が全然伝わっていないことが分かったのです。このことに気づいてから、子どもが生活や遊びを通して学び育つ姿を、園のたよりで紹介し、普段出す手紙にも、ちょっとしたエピソードを書きこんで伝えるようになりました。

最近では、デジタルカメラやパソコンなどの道具もそろってきて、今日の子どもの様子を撮った写真に解説を加えて、壁新聞のようにしてその日のお迎えで見てもらう、読んでもらうことをするようになりました。私たちはこの壁新聞のようなペーパーを、「ボードフォリオ＝写真を貼り、子どもたちが表現していることの中から、子どもの心の声やその意味や価値をくみ取って解説を加えて、壁新聞のようにしたもの」と名付けていますが、これはニュージーランドで子どもの学びの姿を物語として記録し、一人ひとりの「ポートフォリオ」と呼ばれるファイルに綴って、親も子どもも見ることができるようになっている実践と出会ったことが始まりです。壁新聞だからとダジャレ感覚で付けたボードフォリオです。

ところが、予想もしなかったことが起きました。それは、写真が貼り付けられたことで、子どもたちもストーリーテラー（物語の進行役）になって、今日の遊びや生活を自ら振り返り、仲間同士や親（保護者）にも語り始めたのです。子どもも振り返りや明日への展望を描き出すことに参加できるようになったのです。また、子どもたちには、自分がしてきた遊びや生活の場面が取り上げられて紹介されることは、自分に関心が注がれていることの証でもあり、受け止められている自分が、手応えにもなっているようなのです。

このように、子どもが育つ姿を情報として伝え続けてきたことで、子どもを話題にして、親も（子どもも）、一緒に語り合い／分かち合う輪の中に、入ってきてくれるようになってきたように思うのです。

また、同僚や親と語り合い・分かち合うことの目的は、思い込みや偏った見方をしないように、多様な視点を持ってその子への理解の可能性の窓をオープンにしておくことに意味があるのです。

日本では、保育の自己評価をめぐって、残念なことに、できているか／いないかと、結果で評価するチェックシートが多く出版されてしまっています。学びの成果は、結果ではなくプロセスにあります。結果さえよければ、途中はどうでもよいという見方からは、丁寧さが感じ取れませんが、これはおそらく「評価」という言葉に、達成度をチェックするといったイメージがつきまとってしまうからに他なりません。

学び手を主人公にして、そこで子どもは、どんなことに今、興味や関心を示しているのか、そこでどんな学びと出会っているのか、どう自分は育とうとしているのかと、子どもの心の中の想いと対話をし、理解に関心を向けていくということです。

津守さんもおっしゃっているように、子どもの行動に現れる表現は、子どもの心の動きを表しているものであり、「子どもが表現することは、受け手がいることによって、もっと活気を与えられ」、その表現から「子どもの言葉の通訳（言語化する）をする」。つまり、保育者は意味（心の動き）をくみ取り、そこを頼りに子ども理解を多様な視点を得て、さらに深める。そして、子どもとの向き合い方をこうかなと想像して、今という時間を共に生きてみる。このように、子どもの横に寄り添いながら、子どもの育ちや学びに付き合い、喜怒哀楽を共にしながら支え応援している姿は、親が子どもに向き合う時の向き合い方モデルにもなるのだと思うのです。

そのためには、大宮勇雄さんも平野朝久さんも太陽の家の松本哲さんも語っているように、子どもを信頼してみるという視点や、できていることのほうに関心を向けていくことがやはり重要になってきます。そのためにも、保育者同士の共同的／同僚的関係をつくり出していくことで、他の保育者も読みとりに加わり、多様な見方、多面的に子ども理解を深めていくことが必要不可欠なのです。そして、それによって、子どもを理解し語れる保育者が育っていくということになるのです。子ども理解を深め、親に物語れる保育者が育つことで、親もまた子育ての共同性の輪の中に参加ができて、親として育っていくのです。

## 物語を物語るということ

我が家のことで恐縮ですが、仏壇には私の祖父母の写真が飾られています。その祖父母は、私たちの子どもたちが生まれる前にすでに他界しました。なので、写真でしかその存在を知りません。二〇一四（平成二六）年の暮れに、俳優の高倉健さんが亡くなり、テレビでは連日のようにその生涯を紹介する追悼番組が組まれました。そのお蔭で高倉健さんについてはいろんなことが分かりました。大スターですから、それはそのくらいの価値があると思うのですが、ここで問題なのは、高倉健さんのことは知ることができた（マスコミが選んだ情報だけですが）けれど、私に命をつないでくれた祖祖父母のことは分からない。それは、親の私たちが物語っていないからに他なりません。この写真の人は、こんな人だったよ、こんなことに一生懸命だったよ、こんなことを一緒にした思い出があるよなどといった、身近な家族の物語はどれくらい語られているでしょうか。ご先祖だけではありません。今を共に暮らす家族のことも、今どんなことが楽しいとか、頑張っているとか、腹が立つとか、将来についてはどう思い描いているかなどを、語ったり、聞いてもらったりしているでしょうか。今は、それぞれが自分流に生きることに価値が向いて、お互いが気をつかっているのか、あきらめてしまっているのか、家族の団らんの時間が持ちづらくなってきていることも関係しているのかもしれません。

森眞理さんが、ナラティブに（物語として）語ることの重要性についてよく話されます。世界から注目を集めているイタリアのレッジョ・エミリア市では、「レッジョナラ」（reggionarra）という週末があって、町中の人が自らの取り組みや想いを、さまざまな場所を使って物語り、そして聞き合うお祭りと聞いて、語り合うことがお祭りになっていることにも驚いてしまいます。同じ町に住んでいても、それぞれが勝手に過ごして、他人のことは知らぬ存ぜぬではなくて、それぞれに大事にしていることを、伝えようと物語る人がいる、聞いて受け取ろう（物語を共有しよう）としている人がいる。その関係が育っているのです。語り合い、つながり合い、分かち合うコムーネ（コミュニティー）＝広場です。

これは私たちの園の小さな「ナラ」だと思いますが、以前ポスター提案をしたことがあります。子どもたちが、「葉っぱはなぜ赤や黄色になるの？」と調べた「学びの物語」を、写真パネルにして説明し、聞いてもらいました。聞いてくれた人は質問をしたり、自分の考えを述べたり、あるいは物語やそこに込められた想いを共有するという、小さな学び合いのコミュニティーがそこで生まれました。そう考えると、レッジョでなくても私たちの身の回りでも、お祭りとはならないまでも、少しはやれていることなのかもしれません。

私たちの園では、卒園文集に親が書いてくれた原稿から、日常の子どもの姿が親に伝わっていないことを知りました。そこで、園便りをはじめ、お迎えの時に今日の出来事を読んでもらう「連絡ボード」、保育園時代の子育て日記のように親に書いてもらっている「子育てノート」、園から届けるさまざまな印刷物にも、必ず子どもたちの学びと育ちの物語を意識して書いて伝えてきました。最近では、前述の「ボードフォリオ」を作って、送迎時に読んでもらったり、スケッチブックを使った「ボードフォリオ」を作っているクラスの中には、家庭にバックナンバーの貸し出しを始めたクラスもあります。

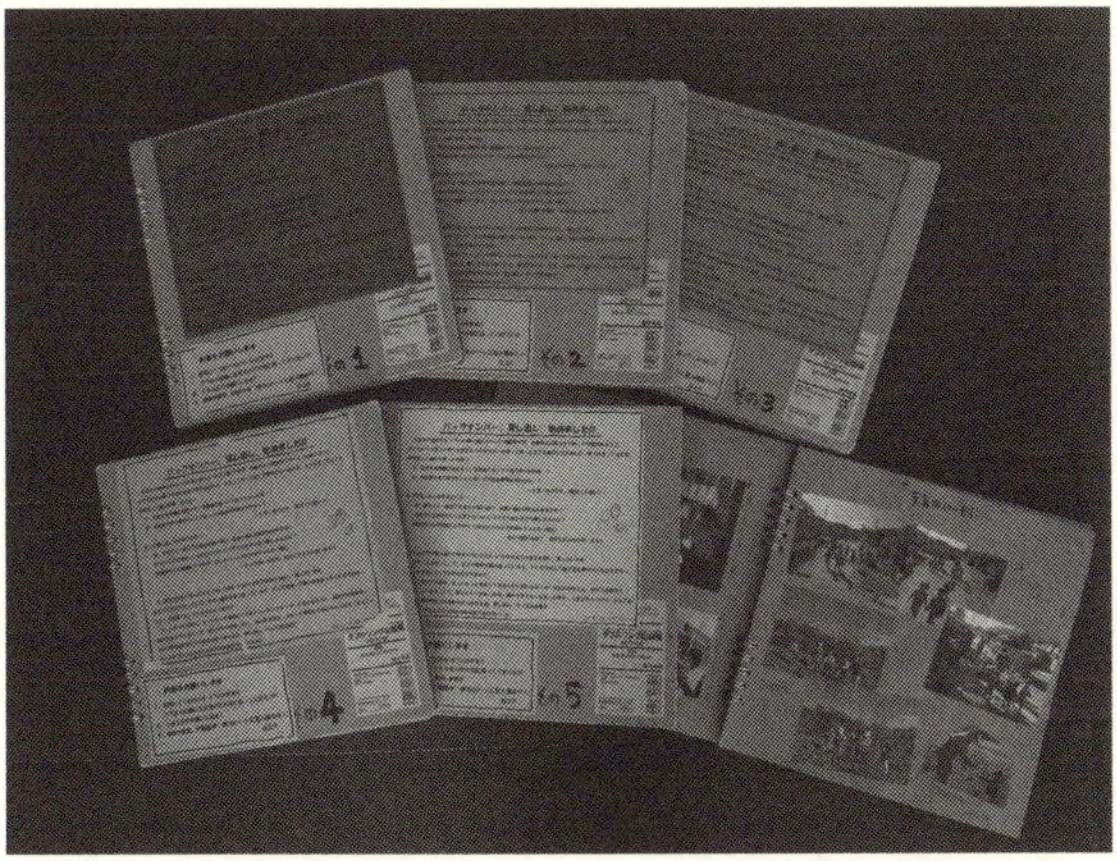
スケッチブックでの「ボードフォリオ」

しかし、森さんが言うように、「物語るということは↓聞いてくれる人がいて↓※分かち合い／語り合いに参加する↓共有し合う関係が育つ↓コミュニティーとして育つ」というもっと大きな学びの物語、関係が育つ学びの物語なのだと考えると、※以降の関係が重要になるのです。

「物語る」ということは昔話もそうですが、聞き手がいて、聞き手に語るものです。しかし、長年、私たちが保育記録として書いてきた物は、そういうものではなく、保育の経過を（管理記録として）記録しておくことや、保育を振り返るといっても、内省的使い方をするのが精いっぱいのものでした。長年と書きましたが、まだ、そこは切り換えができていない現実があります。ずーっとやってきたスタイルを変えるというのは、そう簡単ではありません。どうも人間の頭というのは、そんなに器用ではないようです。

しかし、子育ては、子も育ち、親も育ち、お互いの豊かな関係性も育つ「親と子の育ち合いのプロセス」であり、その育ち合いの関係が育つことをみんなで支えようと思ったら、その場にいなかった親（読み手／聞き手）にも分かるように、その場の豊かな状況の描き出しや、子どもと保育者の心と心の息づかい（写真では写し撮れない心のやりとりや保育者の心象）を、聞き手にその場に居合わせたかのようにライブ感豊かに物語り、子どもの育ちの物語や、そこに混ざって共に育つ親や保育者の育ちと喜びの物語を、一緒に物語り、共有しあえる関係のコミュニティーを創り出していくことが大事と思うようになりました。

ところで、「物語」とは、完成されたストーリーがあり、そのストーリーを忠実に語り継いでいくことに価値があるように思うのですが、「ナラティブ＝物語る」ということは、語り手が、物語に意味や価値を加えて主観者の想いとして語るということだと思うのです。子どもの育ちの姿を物語るということも、その場の情景や子どもの姿を、こんなことがありました。こんな姿を見せてくれました。楽しそうでした。喜んでいましたと、情景を語って終わってしまうのではなく、保育者の目で、学びの物語として意味や価値を織りこんだ物語として語り、伝え、共有し合う関係へとつなげていくことだと思うのです。

さて、連絡帳→子育てノート→連絡ボード→ボードフォリオと取り組んできた私たちの園ですが、「物語」を語り合う、「物語」を共有する、語り合いのコミュニティーを磨いていくことの手助けとして、記録という概念枠とは違う「物語る物語」を子どもとあるいは親と描き出すということが、子と親と保育者が共に育つプロセスとして重要なのではないか。「子どもの育ちと、そこに関わる親や保育者と編み出す物語」を、いかにリアリティー豊かに描き出し、物語れるか、語り合えるかが重要な鍵になると、この頃一層強く思うようになりました。私たちの実践の中から事例をご紹介します。

## 物語ることの実際

**＊よっちゃん事件（五歳児）**

よっちゃんは自閉症と診断されていました。就学前の最後の一年は、保育園で過ごしたいという親の希望で、園が落ち着いているうちに慣れようと、新入園児より一足早く二月から途中入園してきて、仲間との関係づくりも始まったばかりでした。言葉も返事を返すぐらいで、会話が少ない分コミュニケーションが大人とも子ども同士ともうまくとれていなかったので、なんとか、よっちゃんとコミュニケーションを取りたいと思う日々でした。

実はよっちゃんは筆談による会話ができます。筆談とはB４くらいの紙を何枚か重ね置き、そこに鉛筆で字を書いてもらうのですが、そのまま書いてもらうと手のコントロールがうまくできず、なぐり書きのようになります。しかし、お互いの信頼関係で向き合い、軽く手を添えて「お話を聞かせてね」と書き出してもらうと、質問に対しての答えや今の気持ちを文章として書いてくれました。

ある日のことです。年長児が、よっちゃんをはがいじめにして押さえこんでいる光景に保育者が出くわしました。これはたいへんと駆け寄って、なぜそうしたのかと理由を聞いてみたのですが、この事件はチャンスと思いました。みんなも困っているけど、よっちゃんも困っているということを分かってほしいと思ったのです。そこで、この出来事をクラスのみんなにも考えてもらうことにしました。もちろんよっちゃんも参加しています。

保「これからちょっと難しい話をするけれど、大事な話だからよく聞いてね」

「今日ね、よっちゃんが嫌がるのを無理やり押さえたり、当番の時に〝入れて〟とお願いした時も、〝イヤだっ！〟って断られたりしたの。私はとてもかなしかったの」「よっちゃんだって同じクラスの仲間だし、みんなと同じ五歳だよ。みんながよっちゃんだったらどんな気持ち？」

子「イヤだぁ、かなしい」

保「それじゃあどうして自分がいやなことをよっちゃんにやるのかな？」

子「だってね、よっちゃんはいつも、僕たちにいじわるをする」

子「あそんでた（砂の）ケーキを、僕たちがいなくなるとみんなこわしちゃう」

子「ジュース屋さんのジュースも、みんなこぼしちゃう」

子「いっかいだけじゃない」「なんかいもされた」

さすがに子どもたちです。日頃のうっぷんを素直に、そして思いのままに表現してくれました。

この時、よっちゃんと私は一緒にみんなの前に出て、みんなの顔を見ながら話を聞きました。よっちゃんにとっても、自分の姿を友だちがどう受け止めているのか感じてほしいし、そこからどう仲間の一人として、みんなの中に入れるかを考えてほしいと思ったからです。

保「確かに、よっちゃんはおしゃべりが苦手だよね。でも、私と一緒に〝ひつだん〟っていって、紙に字を書いて話ができるんだよ」「耳が聞こえない人は、手話でお話するよね」「お話が苦手でも、いろいろな方法で話せるってこと、みんなも知ってるよね」

保「じゃあ、みんなにちょっと聞いてみるね」「おしゃべりが得意な人?」「苦手な人?」「かけっこが得意な人?」「苦手な人?」「体の大きな人?」「小さい人?」「どろんこで遊ぶのが好きな人?」「嫌いな人?」「竹登りが得意な人?」「苦手な人?」

「そう、みんないろいろな得意なこと、苦手なことがあるんだよね」「じぁあ、苦手だなって思っている人はどうすればいいのかな?」

子「いっしょうけんめいがんばる」

保「じゃあ、得意な人はどうするの?」

子「できない人をおうえんする」「てつだう」
保「なるほどね。だから竹登りができない子を応援するのが上手なんだね」
保「難しいお話につきあってくれてありがとう。よっちゃんも一生懸命お話ができるように練習するから、みんなもお手伝いしてくれないかな」

すると、よっちゃんからも「おねがい　ちまちゅ」と言葉が発せられたのでした。
後日、よっちゃんと筆談をしました。

保「なんでケーキを壊したり、ジュースをこぼしたりしたの」
Y「あれはウソっこのケーキです。たべられません」「小さい子があのジュースをのんだら、おなかをこわします」

このよっちゃんの声は、クラスのみんなにも伝えられました。よっちゃんは、意地悪な子どもではなく、小さい子のことを心配してくれている、やさしい子だということが分かったのです。

それから数日後のこと、よっちゃんが園庭のそちこちで、おしっこし始めたのです。トイレにちゃんと行けていたよっちゃんだったのに様子が変です。そこで当のよっちゃんにわけを聞いてみると、筆談で「トイレのカエルはきらい」と書きました。トイレを楽しくしようと思って保育者が、図鑑からオタマジャクシやトノサマガエルを拡大コピーして着色し壁面装飾をしたのですが、そのカエルが怖くて、入れなくなってしまっていたのでした。そして、「アヒルのえがすきです」とも答えました。

それを知ってクラスのみんなは、

子「カエルをはがせばいいじゃん」
子「そうだね」
子「でも、クレーン車組（年少）であのカエルがだいすきな子がいるよ」
子「はがしたらその子が泣いちゃうかも」
子「クレーン車組に頼みに行ったら」
子「頼んだら、いいよって、絶対言ってくれるはず」
子「行こう！　行こう！」

そこでみんなで年少さんに団体交渉にでかけたのですが、年少さんに「イヤッ！」と断られてしまったのでした。説得できると意気込んでいったのに、断られて意気消沈で帰って来た仲間たちでした。

子「こまったなー、どうしよう」

悩んでいるとよっちゃんが、「ぼくのことをこんなにしんぱいしてくれてありがとう」

「ぼくはがんばります」と書いて返してくれたのでした。見方が変わると関係も変わるのです。この後、よっちゃんの園庭でのおしっこの姿がなくなりました。子どもたちに「よっちゃんどうしてる?」と聞くと、「目をつぶっておしっこしてるよ」と教えてくれました。頑張ると言ったよっちゃんをみんなが気にかけてくれているのです。

実はこのクラスは、年長児になるまで、障がいのある子との関わりがありませんでした。だから、卒園児のダウン症児が来た時にも「変な顔」などと平気で言っていました。子どもにとっては感じたことや考えたことを素直に表現していたのだと思いますが、自分以外の他人の気持ちに気づくことや受け入れることは、いろいろな場面を体験しながら一つずつ気づいていくことなのだと思います。障がいがある仲間を理解し受け入れることや応援する気持ちが育つということも、経験を重ねながら成長していくのだと思いました。

よっちゃんにとっても、いつも自分は仲間からどう思われているのか心配だったのかもしれません。でも、この出来事で自分のことを分かってくれて真剣に付き合ってくれた仲間としての手応えが大きかったのでしょう。また、仲間たちも、よっちゃんが迷惑な子ではなく、言葉では表現しないけれどいろいろ考えていて、ぼくたちと同じ気持ちを持っているのだということに気づきました。

**＊ターニングポイント（五歳児・たくや・仮名）**

たくやは、年長の四月から私たちの園に来るようになりました。途中から来たこともあり、他のみんなと合わせることも苦手で、みんながお昼に向かっても、遊び続けていた四月。食事も好き嫌いが結構ありました。

五月のある日、たまたまお昼を一緒にした私でした。お昼のおかずはたくやの嫌いなごぼうきんぴらで、「食べない！」とわがままを言うたくやです。「台所で一所懸命つくってくれたおかずだよ」と説明しても聞く耳を持たず、遊びたいを連発。「嫌いだったら、少しよそえばよかったのに」と問いかけると、「当番がよそったから」と周りの子が代わって弁護。「じゃあ、食べられそうなだけ分けていいから、それを食べよう」と話しても、お皿を前に押しのけるほどです。

さてどう出るかなと思って、「食べないと遊べないよ。お家にも帰れないし。園長は付き合うけど、保育園に泊まっていく？」と私。ところがちょっと席をはずした隙に、たくやは気持ちがおさまらなくなったのか箸を折ってしまったのです。「お母さんがたくやのために一所懸命働いて、用意してくれたお箸だから、また買ってなんて言えないよ」。するとたくやは、「セロテープが欲しい」と折れた箸をつないで食べ始めたのです。でもいったん折れた箸ではうまく食べられません。「明日お箸作って上げるから、お母さんに新しいの買ってって絶対言っちゃだめだよ」と私。「どうやって作るの？」「保育園の回りには、ほら木がいっぱいあるだろ。あの木で作るのさ」「木はすぐ腐っちゃうよ」と賢い返事。「大丈夫、任せて」と、少しずつ心が通じ合ってきた二人です。「どんな箸作ろうか。口に届かないくらいの長ーいお箸作っちゃおうか」。笑い話もするうちに、責任を感じたのか、「園長の箸を貸してくれ」なんて言い出して、二つに分けた多いほうのきんぴらごぼうを食べてしまったたくやでした。

さて翌日、約束の箸は孟宗竹を割って作ったのですが、昨日長い箸の話をしたので、たくやに好きな長さを印してもらったのです。すると、なんと箸箱にぴったりの大きさだったのでした。箸職人になった園長を見て、「大きくなったらおれは大工さんになる」とできすぎたドラマのように終わったのですが、このことがきっかけになって、このあとどっしり腰のすわったたくやです。

＊「おおかみ　しんだ」コール（二歳児・にじは）

にじはは、お昼寝の寝付きが悪くって、保育者はいつも手を焼いています。みんなが寝てから一時間も過ぎないと寝ないし、寝ないで終わってしまう日もあります。でもまだ二歳児なので、保育者はなんとか寝かせたいと思うのです。しかし、その思いが大きくなると、かえってにじはの気持ちをハイにさせてしまうこともあり、ちょっと悩みのタネでした。

お昼寝の前はいつも絵本や素話をしてもらうのが日課です。お話の後は、保育者が歌う素敵な子守唄を聞きながら寝るのですが……。秋のある日のこと、この日はベテラン保育者も傍について「おおかみと七ひきのこやぎ」の話を聞いて寝ることになりました。他の子たちは寝入ったのに、にじはは今日も寝られずに、時々静かにするようにうながされます。しかし、なかなかおさまらないので少々強引に布団に寝かせられました。

するとにじはが「おおかみ　しんだ」と言い出すのです。保育者は目で静かにするように合図したり、「シーッ」と指で合図したりするのですがおさまりません。そしてあげくのはてには動き出す。すると保育者は布団に連れ戻す、そんなやりとりを何度かする間も、「おおかみしんだ」をくり返すにじはです。保育者の「ねようね」の声かけに応えようともしないで「おおかみしんだ　おおかみしんだ　おおかみしんだ　おおかみしんだ……」と止むことなくくり返し、その異様なほどの姿に大丈夫かな？　と保育者も不安になってきたようでした。

だっこしてみたり毛布をかけてみたりしてはみるものの、手立てが見つからなくなって焦りの気持ちが大きくなって、少々オロオロ気味になって保育者が思わずかけたのは、「おおかみ死んじゃったね」の一言。そうしたら「うん！」と言っておさまったのです。フーッ！　やられたぁー。きょうだいをみんな呑みこんでしまうほどのこわいおおかみが、本当に死んだかどうかが心配でたまらなくて、それを確かめたかったにじはだったのでした。本当はそのことに気がついて共感してあげればよかったんだぁー。「いつもこの子は寝ない子」「いつも大人の言うことを聞かない困った子」というような先入観でレッテルをはって見てしまうと、深みにはまってよけいな溝ができてしまい、修正不可能になってしまったのでした。「学んだなぁー」とこのことを皆に報告してくれた当の保育者です（思い込みが深みをつくることを学びました）。

## 2

# 子育てを心棒にして「人間が人間として育ち合う群れ」を編み直す

### 保育園は「出会いの広場」「一緒に子育てし合う処」

保育園には送り迎えで、お父さんやお母さん、おじいちゃんおばあちゃんが毎日やってきます。保育園がそんな大人たちにとっては、子どもを預けるだけでなく、「同じように子育てしている者同士」が出会える処でもあるのです。勤め先の肩書をはずして、子どもの父／母／祖父母という対等で水平な関係で、子どもや孫のことを話題にしながら、大人同士も何年間かをここで共に過ごすのです。

多摩市にあるバオバブ保育園ちいさな家の園長の遠山洋一さんが、園だよりの入園号に次のようなことを書かれています。

「保育園に入園されたのは、お仕事、あるいはその他の事情でお子さんを預ける必要があるからで、親も子も『友だちになるために』が、第一の理由ではないだろうと思います。でも保育園というところは、子どもにとっても、大人にとっても、とても大きな出会いの場です。いろんなところで育ってきた人たちですから、いろんな個性、得意、いろんな仕事、いろんな人生観や価値観を持った人たちが、たまたま同じ時期に子どもが授かり、保育園というところで偶然にも居合わせた私たちです。

「だれでも最初は人見知りをしてなじめなかったり、何か違和感を感じたりしながら、少しずつうちとけて、やがては、ぐちも悩みもざっくばらんに言えるようになっていく、これからそういう何年間かになるんだろうと思います。そうしてお互いに、友だちになり、仲間になれたら、これまでより、彩り豊かな関係の中で、少しは暮らしやすくなるでしょう。そして、自分自身としても仲間と共にとしても、安心して生きられるのではないかと思います。大人たちのそのような関係は、子どもたちが育っていくうえでも、必ずプラスになると思います」

子育ての悩みや不安がすぐには解決されなくても、同じような想いを持つ人と保育園で出会い、次第に気心知れ合うようになれれば、愚痴もこぼし合えて、「お宅もそうなんだ」と、安心し合える関係に出会えるだけでも、ずいぶん気持ちが楽になるでしょう。

何年か前に、成人する子どもたちが「同窓会をしたい」と相談にきました。友だちからは、「保育園の同窓会? そんなの聞いたことない」と言われたそうです。久しぶりに集まって、「保育園ってこんなに小さかったっけ?」などと、なつかしくしたおしゃべりから、結構いろんなことを覚えてくれていて、うれしいひとときでした。

別の年には、進学や就職で離ればなれになる前にと、高校卒業の時に声かけあって旅行に出かけたグループもありました。このグループに、一人寂しくしている子がいて、卒園仲間ではなかったけれど「あいつも誘ってやろう」と声をかけてもくれたようなのです。

「子どもが生まれたら、和光に入れる」そんなお世辞も言えるようになりましたが、私たちが保育園で子どもたちにしてあげられたのは、お互いが深く関わり合う関係だったのではと今改めて思います。保育園でつながった関係が、その後もきょうだいや家族、そして親戚、実家のような関係でお互いがいられるのはいいものです。

保育園で、気心知れ合う関係を深く刻んで過ごしたことが、その後学校は分かれても、こうしてつながり合えている関係が継続しているのだとうれしくなるのですが、実はこの関係は子どもたち同士の関係だけでなく、その背景に親同士もつながっているという関係があり、そういう家族同士の親戚みたいな付き合いが、同窓会にもなっているのかもしれません。

そんな親集団の面白さは、子どもの年齢は近いのに、親の年齢や仕事がまちまちなことです。その多様性がいろんな価値観や特技をもち寄ってくれて、人間の魅力の幅を広げ、保育者だけではできない保育や子育ての可能性をいっぱい広げてくれるのです。気の合う家族が見つかって、遊びに行ったり招いたり、一緒の食事や旅行に誘い合うなどできたら、それは大きな親戚です。そういう関係を能動的に創り出すことが、現代の社会には必要になってきているのです。

## 「大きな家族・大きなきょうだい・大きな親戚」の中で育つ

少子化時代できょうだいは一人か二人。そんな時代でも保育園は0歳から六歳までの子どもたちの「群れ」があります。ここに学童が入ってくれれば、子どもの年齢の幅はさらに広がります。その中に、赤ちゃんもいる。弟やお姉さんがいる。血はつながっていなくても、たくさんのきょうだいのような関係で過ごせます。これはすてきなことだと思うのです。そればかりか学校出たての若い保育者から、定年までの異年齢の人（保育者）たちが共に生活しています。民間の保育園では七〇歳、八〇歳の園長さんや理事長さんもいたりします。そこにまた、子どもたちの親がいて、祖父母もいたりする。これは異年齢混在の豊かな大家族集団（群れ社会／子育て共同体／子育てコミュニティー）です。

余談です。私たち夫婦の若い頃の経験ですが、親たちと年齢が近かったことから、卒園OB・OGの何組かの家族とファミリークラブをつくりました。というより私は当時副園長という立場と、下の子がまだ在園していたりもあったので、つくってもらったクラブにまぜてもらうという立場で参加しました。参加家族が二〇組くらいあったので、四つのグループに別れて、春の担当、夏の担当とそれぞれがハイキングやキャンプ、ミニレク、スキー旅行などを一〇年以上続け、クラブソングまでつくりました。まだ当時の学校は土曜休校ではなかったのですが、クラブの行事があると、子どもたちはまとまって学校を休んでしまうほどで、学校でも少し話題になるほどでした。

学校で進級時のクラス編成に際して、田舎のことですから親戚関係にある者がいたりするので、先生から確認で尋ねられることがあったそうです。その時私の息子は、ファミリークラブの仲間は親戚だと思っていたらしくて、クラブの仲間の名前をあげたのでした。それくらいの付き合いを確かにしていたように思います。子育ての中心は今、息子たちの世代へとシフトしましたが、世代が移っても、保育園の親たち同士が声かけあって、一緒に食事会やキャンプなどしている話が今も聞こえてきています。

## おやじの会のプール造り

毎年六月になると、砂場の砂を掘り上げて、そこに木枠を組んで大きな箱を造るといったら分かるでしょうか、その上にブルーシートをかけた特製プールを造ってもらうのが、伝統になっています。きっかけは、運動会になるとビデオ撮影隊になって、普段は顔を見せたこともないお父さんが集まってくることでした。行事だけでなく普段の子どもたちにも、関心を向けてほしい。けれど、保育園に来て一緒に遊んでと誘ってもなかなか来てくれないだろう。では、と思いついたのが力仕事をお願いすることでした。

プール造りや環境整備の手伝い参加を何年かお願いし、知ってる顔が増えてきたことが会の発足のきっかけになったと思うのですが、一九九三年発足の「おやじの会」はもう二一年、「父親の出番日」は三〇年近く続いています。

ところで、プール造りに、今年初めて参加するお父さんは緊張するという話が、おやじの会で話題になりました。そこで、新人にはピンクのタオルを配り、経験組はブルーにする。一目で分かるので、ピンク組はブルー組に分からないことは聞く、ブルー組は、ピンク組に仕事の段取りや方法を教えることにしたのです。また、名前を覚えたいけれど、仕事の最中にいちいち名前が聞けないからと、名札を作ることになりました。それも胸に付ける名札だと前に廻って覗くのも失礼ではないか。そこで背中に付けてもらうことにして、さりげなく名前を覚えることにしたのでした。さらに凝っているのは、子どものクラスが一目で分かるように、色紙を名札ケースに一緒に入れたこと。二色も三色も入っているお父さんもいるけれど、自分と同じ色の名札を見つけて、自己紹介し合う姿も見受けられました。

ブルーシート装備完了

父親が保育に加わることで、本当に実現できるの？と思うアイデアも結構まとめてしまうのは、それぞれの専門技術者が結構いてくれてのことです。数年前には、プールにウォータースライダーを付けたら面白いのではと言い出すお父さんのアイデアを、何処から見つけてきたのか材料を組み合わせて、作ってしまいました。そして今年は、ジャンボ鹿威《ししおど》しを作って子どもたちの頭上にたらいの水をひっくり返したような水を落として、びっくりサプライズをしかけたのでした。お陰で保育園は楽しくなりましたが、本当に楽しくなったのは、子どもよりむしろお父さんのほうだったようです。

## 子育てを支える群れ　子ミュニティー（わこう村）を創る

子どもが生まれてくれたお陰で、保育園と出会え、そこにきょうだいのような関係がある。大人も一緒の大きな家族のような関係がある。年長五歳児を保育園に男手だけで一泊泊めるおやじの会主催の「おやじが保育園を乗っ取る日」では、お母さん一人で頑張っている家庭の子どもに父親像も提供してくれます。小さな畑だけれど「じいちゃん・ばあちゃんの出番日」もあって、一緒に草取りしたり、苗を植えたり、水やりもする。「そろそろお茶にしましょうか」と声をかけると、「私たちも一緒にお茶したい」と子どもたちも加わる。そうして育てた野菜は、ばあちゃんのお茶談義も加わって、美味しさが倍増するのです。「畑があるからいいですね」と言われるかもしれませんが、狭い畑での物語です。

専門性を持った保育者に対して、あえて失礼ですが素人さんと呼ばせていただければ、そういう素人さんの出番があるような保育（子育て）を用意しないと、みんなで育てるという関係が動き出さないのだと思います。これは、子どもをお客さんとして保育するのではなく、生活者の一人として、子どもにも手が届く生活、子どもも参加の出番があり、頼られて／信頼されて／任されて、子どもと生活を共に創り出す関係と重なるものです。子どもをみる時も、親や資格などない人でも手が出せたり、手伝うことのできる素人性の出番、手仕事の延長のような生活文化が、保育園の日常生活の土台としてあると、専門家だけで引き受ける保育や子育てとは違う、顔の見える、気心知れた保育／子育てが動き出すのです。

二〇年ほど前に大人が集まってコーヒー（お酒？）を飲みながら、わいわいがやがや話のできる処を造りたいという話になって、「おやじの会」と「わいがや亭」を建てました。きっかけとなったのは、親たちが「保育園での子どもの様子が見たい」「昼間そっときて、気づかれないように覗ける部屋があったら」という話で盛り上がったことからです。さすがにのぞき部屋は造らなかった代わりに、子どもの姿は、保育者がいろんな工夫をして伝えることにして、子どもを気にせず過ごせる大人のサロンを造りたいということになったのでした。おやじの会の若い三〇代の大工さんが棟梁になりました。また、中には自分の家を自力建設してしまう親もいたり、設備屋さんもいたりして、その人たちが心棒になってくれたことで、素人集団でもたくさんの手と足になることができて完成させたのでした。

建設資金は、毎年親と共同で開く「わこう村大バザール」の収益金です。出来上がった「わいがや亭」は、地域の人たちの買い物応援があったからこそなのだからと、地域にも開放しようということになりました。このことが、和光の保育理念をひとまわり広げる役割を果たすのです。それは、大人と子どもの新しいコミュニティーという発想です。子どもが育つことが心棒にあって、そこに集まる大人と子どもの育ち合い共同体わこう村「子ミュニティー」です。子どもの育ちの確かさが、みんなを魅きよせる力になり、そこに混ざって、大人も子どもも一人ひとりが大事に受け止められるということを、一緒に考えていくコミュニティーになっていけたらということです。子どもが心棒だから、コミュニティーのコは子どもの子です。これまでも、「保育園」という言葉がもっている概念規定を壊して、大人も群がるところ、それは町ではなく村だろうと、「保育村」とか「わこう村」という言葉を少しずつ使ってきてはいたのですが、大人の居場所が形になったことで、子どもも大人も育ち合う新しい「わこう村」のイメージが、ここからいよいよ具体化し始めたのです。

## 参加から参画へ　改めて親との共同性

この頃、親との連携・共同の実践に関心がもたれて、どうしたらできるようになるのかと、よく聞かれます。この課題への試行錯誤は、私たちの園でも現在進行形で、これからもずっと葛藤しつづけていくことでしょう。しかし、少しだけ先に取り組み始めたという経験から、これまでの経緯をたどってみました。

①保育の見直しを「子どもの視点」に立って進めてきた
②子どもの育つ姿を親に丁寧に伝えることを大事にしてきた
③その意義として、親こそが我が子の育ちを一番知りたい人だと思った

④子どものためへのこだわりと一所懸命さが、親の共感を呼んだのではないか
⑤保育への夢（ロマン）を語りながら、園長も職員も親と一緒に汗をかいてきた（園のスタッフが汗をかく先頭にいた）
⑥思いに違いが生じた時に、丁寧ではあるが、以前は説得しようとしていた。最近は「なんでそう思うのか？」とそのわけをきいて、そこから考えるように変わってきた
⑦違いを調整しあい、織（折）り合いどころを一緒に見つけるやり方に丁寧に付き合い、解決に向けたプロセスや結果を、出席できなかった人にも丁寧に報告してきた
⑧子どもと遊びや生活を一緒に創って、和光で大事にしようとしている共同性・民主的な運営を大事にする保育と温度差が生じぬよう努めてきた
⑨園からも、子どもや、親が親として育つために大事と思うことや、一緒に考えたいことを発信しつづけ、話題にしてきた
⑩皆がもっともっと言うものは、親からの提案も採用され、形にしてきた
⑪意見や提案が検討されたり採用されたり、想いが形になることで参加意識や所属感、満足感、達成感が生まれ育ってきたのではないか
⑫親が参加することで、できることの幅が広がり、保育も親と共に営む保育（子ミュニティー）へと考え方に幅ができたのではないか
⑬取り組む活動自体の面白さと、「一緒にやる面白さ」も経験できたのではないか
⑭助けてくれる人がいることが分かり、一人で頑張らなくてもよいと分かってきた？

### ⑮健全な関係性の群れの中に混ざっていることの安心感／安定感があるのではないか

などなどを、親と一緒に取り組み、今でも、忙しい／たいへん／自分で精いっぱいという父親たちの想いと、村のみんなで子育てをとの狭間で、行きつ戻りつのくり返しです。

ところで、学習院大学の佐藤学さんは、著書『学び その死と再生』（太郎次郎社 一九九五）の中で、よい学校の条件として、次の三つを上げられています（七二頁、括弧内は筆者による加筆）。

一つ目の条件は、「問題のない学校」ではなく、「問題」が「問題」として生徒と教師と親とのあいだで共有され議論され続けている学校

二つ目は「官僚組織」や「企業組織」に必要なのは「問題」の発生の「防止」と「問題」の迅速で効率的な「処理」であるが、教育（保育）組織において重要なのは「問題」の「認識と共有」でありその解決を探究する「議論と実践の過程」である

三つ目は、そのために学校を「学びの共同体」（大人と子どもが育ち合う場）として再組織すること。そのためには内外の人間関係を民主化する（多様な意見が共存していることをあたりまえのこととして、折り合い所を見つけていく応答的関係があること）

私たちが保育園で子どもと向き合ってきたこと、親と向き合ってきたことは、この三つの条件になんとか重なっていたように思います。

## 地域に開くと言うけれど、親に開いていたかしら？　園の同僚に開いていたかしら？

地域に開かれた保育園・幼稚園という言い方がよくされます。でもその前に私たちは親や保護者に保育をどれくらい開いて（見える化して）きたでしょうか？　ひょっとしたら見せたくない保育もあるかもしれません。子どもの視点に立つよりも、園長や理事長の、あるいは保育者の独りよがりの保育理念や保育になっていたり、クラスは担任に任されて、お互い立ち入れない関係になってしまっているとしたら、同僚にも閉じてしまっているかもしれません。

親が、「保育園って面白い」ということに気づいて、その面白さの中に自らも入ってみたくなるには、どうすればいいのでしょうか。それは、私たちがどんな情報を発信するのかにかかっています。そしてそのカギは、子ども自らが主人公になって、自らを、あるいは仲間との関係の中で、輝いて生きている、その魅力的な姿や豊かな育ちと、それを支える保育者の姿を、具体的に見えるように伝えていくことなのだろうと思うのです。

北海道旭山動物園の元園長の小菅正夫さんが、動物の形態を見せる展示から、その動物の特徴的な動きを見せる行動展示に変えて以来、人気を集めていますが、小菅さんの話から想いを新たにしたのは、子育てにおいても、親子の向き合い方モデルが必要だということです。

ところで、某テレビ局の幼児番組は、お兄さんやお姉さんが出てきて、「さぁーみんな、体操の時間ですよ、お話の時間ですよ」と子どもたちを集め、体を動かしたり、歌を歌ったりしています。あの大人と子どもの関係は、親子の向き合い方モデルになれません。学校をモデルにした一時引き取り一斉指導型保育のモデルです。

こうした保育観を切り替えて、久保さんが言う第二の（真の）教育モデルを中心に置きながら、親子が家庭でも「ああやって向き合えばいいんだ」と真似てみたくなるような、子どもとの向き合い方モデルを、毎日の保育であたりまえのように見てもらい、モデル展示（行動展示）していくことが今とても必要なのだと思うのです。

これは、当たり前のことですが、親は、我が子のことを一番知りたいと思っています。その親心・関心ごとに応えて、平和の語り部や民話の語り部がいるように、私たち保育者は子が育つ物語の語り部として、親にその物語を語っていくということは、自然な向き合い方だと思うのです。そして、親も家庭での子どもの姿を物語り、泣き笑いを共にしながら、「子どもが育つことに一緒に向き合っていく関係」を創り出していきたいのです。

そして、だんだんと、我が子が仲間と互いに影響し合いながら学んでいる、育ち合っていることが見えてくると、我が子のことだけでなくその仲間が育つことの大切さも見えてくる。そして、一緒に育つことや仲間と共に育てることの意義が、見えてくるようになるのだと思います。また、保育者もそこから学んだことや、自分も育てられたことが紹介できると、親はその保育者をモデルにして自分に写し替えて、親として育っていく役にも立てるのだと思うのです。（親に子どもの育ちを物語る私たちの取り組みについては、大豆生田啓友『保育が見えるおたよりづくりガイド』赤ちゃんとママ社 二〇一三 九八頁～一〇一頁参照）

〝子どもが主人公になって、自らの生命を生きて、輝き育つ〟という真実と向き合い、子どもの心持ちへの理解を深めていく。そして、そこに寄り添い支える保育を、園の同僚と一緒に考え、保育を見つめ直し深めていくプロセスでの学びの積み重ねや、共同で創り出していく保育は、保育者同士にも開かれた保育理念にもなっていくのだろうと思います。

専門家がいるのだからと、無関心を装っている街の人にも、輝き生きる子どもという存在の魅力や、その子どもと共に生きることの面白さ／楽しさ、そして明日への希望を語り届けて、子どものファンに、保育園のファンになってもらうことは、「ものすごい！」という表現に値するくらいの、重要な意味を持っているのだと思うのです。

## 子縁（こえん） 子縁（しえん） 子援（支援）

子どもが「縁」をつなぐので、子縁（こえん）の「子ミュニティー」をキーワードにしてきた私たちの園です。ところが、先日それを「しえん」と読んでくれた人と出会いました。そうです。支えてあげていると思っていたら、逆に大人が子どもに支えられているのです。子どもと関わることで、大人も少しずつ人間性を取り戻して子援（支援）されているのです。

子どもは、関係をつなげていく力を持っています。その力に助けてもらって、子どもと子育てを心棒にした子育ての新しい「群れ」＝小さな「子ミュニティー」を保育園に創り出し、子どもも親も保育者も、育ち合う新しい関係が動き出す、そんな保育園になれたらいいし、そういう保育園の存在が地域の財産（宝物）になって、まさに地域に開かれた場として、地域の人も参加・参画ができれば、地域も少しずつ変化していくのではないかと思うのです。

このように考えると、「保育園」という言葉が持つ「枠＝フレーム」が、私たちの発想にも枠をはめています。子どもだけでなく「子ミュニティー」に関わる大人たちも育ち合っていく関係づくりを、「子育て共同体＝広場」「村づくり」として新しくリフレーミングしてみると、これからのありようやめあてが、新たに展開を始めるのです。小さな「子ミュニティー」が日本を変えていくかも知れません。そう考えると、わくわくしてくるのです。

## 3
## 保育園発　新たな社会への希望

### もうひとつのネットワーク　素人ネットワークモデル

前に紹介した脳科学者の小泉英明さんが、講演の中で、梅若ソラヤさんという若い女性監督がつくったドキュメンタリー『I am happy. 私は幸せ』という一五分の映画を紹介してくれました。ブラジルの首都リオデジャネイロの下町ファベーラに、命がけの単身取材で入って、その日の暮らしも大変な人たちに、「あなたは幸せですか?」とインタビューすると、誰もが「幸せだ」と答える。それはなぜなのだろうかと。ソラヤさんが、取材を通して学んだ「幸福の条件」とは、次のようなこと（★印）でした。▽はそれと対比して日本の現状を、私が批判を恐れず書いてみたものです。

★私を受け止めてくれる　認めてくれる人が身近にいる

▽合理化／効率化／都会の匿名性がスマートでかっこいいとあこがれて、関係を切ってきた私たちです。自由になって、周囲に気兼ねしなくなって、孤独になりました。「私」という存在を、誰かが気にかけてくれている、受け止めてくれている安心感が、子どもだけでなく大人にとっても、重要なのです。凶悪事件の背景には、貧しさもありますが、愛着関係の築けなかった育ちの問題も見えてきています。保育の中でも、私たちは子どもの気持ちに、どれくらい向き合えているでしょうか。

★家族や友だちに囲まれているという実感がある

▽家族一人ひとりの生活リズムも価値観もばらばらで、向き合うことがおっくうになったり、おろそかになり、家族の団らんが持ちにくくなりました。これは、臨床心理学者の河合隼雄さんが「子育ての未来・家族の未来」をテーマに、二〇〇〇年に千葉で開かれた全私保連の全国研究大会で私

たちに語ってくれた話です。

「個人」の確立に長い歴史をもっている欧米の人たち（みんなではないですが）の中で、私たちの見本になるのは、〈家族を大事にしているけれど、みんな一人ひとり独立していて、それぞれが好きなようにやっている。だからこそ、家族は一緒になっていないと寂しすぎる、孤独すぎるということを知っている人たち〉だというのです。親子の間とか、隣家としつこく電話でしゃべる。家族で散歩もよくする。娘も息子も父も母もみんな自立しているから、平気で付き合える。日本人の場合は親子で散歩なんかしたら、親に説教される。親が子どもにかぶさってくる。だから「やめといてくれ」と離れていく。自立した人は付き合っていく、自立していない人は孤立していく。

日本の家族はみな離れて、自立しているようで、孤立しているのです。

★安心・安全が実感できる

▽リオのカーニバルは、生活困窮者もお金をためて、年に一度の大祭に参加することで支えられていると聞いたことがあります。つながり合わないと生きていけないという現実があるのかもしれませんが、仲間が居て、支え合い生きている。共同体としての結びつきが、安心・安全の実感につながっているということなのでしょう。

★好きなものがあり、それもやっている最中

▽お金を出せば何でも手に入る。便利さの中で楽を覚え、もっと楽はないかと探しています。自分でつくるよりも、買えば済む（楽）と考える。でも、何もしていないのは不安で落ち着かないから、スマホのメールやネット検索、ゲームで暇つぶしに明け暮れる。ミヒャエル・エンデが『モモ』の中で、「時間泥棒」への警報を発してくれているのに……。時間がモノが、ただただ消費されていく。保育も、子どもの育ちを支えるよりも、サービスとしてモノ化され、売って、消費するだけになってはいないでしょうか。消費から創造へ。

★目的に向かっている　あるいは目的達成の瞬間

▽日本という国自体に、目的がない、目標がない。未来への展望が描き出せないから、惰性でつなぎ、今を守ることに懸命になっています。マネー経済も、環境問題も、もう限界にきているのに、それに代わる価値や発想が生まれてこないのです。実は希望への兆しはあちこちに生まれ始めているのですが、さまざまな既得権が壁になって、それらを拒んでいるのではないでしょうか。目標が見えないから頑張るのはムダ、変えられるはずがないと、始めからあきらめてしまっている無力感があります。子育てを、保育を、専門家だけで引き受けて終わりにしてしまうのではなく、多様な参加や関心を引き寄せて、国民としての関心ごとに広げ、未来への希望に変えていかなければなりません。

★誰かの役に立っている実感がある

▽みんな自分のことで精一杯。グローバル化が進んで、顔が見えない。見えないから、実感や手応えが返ってこない。でも、阪神淡路の大震災でも東日本大震災でも、ボランティアの力が動き出して、専門家任せではない素人（市民）の出番が生まれ始めています。顔の見える距離感の中で、お互いが手応えのあるギブアンドテイクをする。そういうコミュニケーションのやりとりの中で、役に立てたり、やさしさに触れたり、そこから手応えが返ってきて、自分という存在が確かめられていけるのではないでしょうか。

★強い感動の予感がある　あるいは経験がある

▽世間には危険が多すぎる！　と、部屋に閉じ込まざるを得なくなってきています。遊びも、木登りが安全管理された遊具に代わり、砂遊びがブロックに代わり、身体に埋め込まれた感覚機能（五感）や細胞を、呼び覚ます、研ぎ澄ます経験（身体性）がやせています。都会も郡部も変わりません。利便性や機能性で用意された物に囲まれ、こういう使い方をしなさい、こう生きなさいと、押し付けられたり、仕組まれたモノやコトの中で受け身で過ごすことばかりになってきています。保育園の環境も、遊び方／使い方の手引書までついているようなものがたくさんありませんか？　指示や押し付け、物が発する情報（アフォーダンス）が強すぎると、遊びや生活の仕方が固定化されてしまうのです。自分が関わって何かをつくってみる、創り出すという物語が、面倒くさくなっている、なくなってしまっていて、体験がともなわない情報や知識ばかりになって、感動がともなわ

ない、薄っぺらな物語しか生まれなくなってきているように思うのです。

経済は発展したけれど、幸福感が置き去りにされてしまった社会に、今私たちは生きています。言葉としては「子どもの最善の利益」がいろんなところで語られますが、人間として保障されなければならない根源的幸福感の保障と読み替えることもできます。私たちは日々の保育で、ソラヤさんが示してくれた幸福感を、どれくらい子どもたちに実現できているでしょうか。実現できなければなりません。

## 生活に埋め込まれた素人参加の福祉

こんな「コミュニティー」をいつか実現したいと思って、あこがれを抱いている実践があります。愛知万博のあった、名古屋市の隣の長久手市にある「ぼちぼち長屋」の実践は〝福祉福祉していない〟、「生活に埋め込まれた素人参加の福祉」とでも言うのでしょうか。してあげているというのではなく、支えるとか支えられるという関係の垣根が取り除かれて、当たり前に一緒に居ることが福祉になっている実践です。それは、介護が必要な高齢者が一階のホールに面した長屋に住み、二階の長屋には子ども連れのファミリーや独身者など多様な世帯が選ばれて混ざって、一緒に暮らす共同住宅です。長屋にはヘルパーさんや近所の人たち、入居者の子どもの友だち、見学者などたくさんの人が出入りして、ここの「暮らしの物語」が営まれています。

二階に住むのは、福祉の専門家ではない町の普通の人たちです。「おはよう」「いい天気だね」「行ってきます」と仕事や学校に出かけて行くのを「いってらっしゃい」と見送る。「おかえり」と迎える時には、「そうそう今日ね、〇〇でね、こんなことがあった……」とホットな世間の耳より情報が一緒に持ち帰られる。駅できれいな花売っていたからと、共同ダイニング兼ホールの花瓶に花をいけ、孫世代がピアノの練習をしている傍らで、お年寄りが新聞を広げている。今日はここでと、食事を階下に持ってきて、一緒に食べたり。もちろん血のつながりのない他人同士。けれど、家族みたいにお互いが気をかけ合って、いつも誰かがいてくれる安心感とやさしいふれあいの暮らしが生きているのです。二階の家賃は、そういう関わり合いの暮らしが条件で半額なのだとか。

福祉を、「施す／給付する福祉」として考えるのではなく、安心のある生活をする、あるいはソラヤさんが教えてくれている「幸福感」を、どうしたら自分たちの生活の中に実現できるかと考えていく。この「ぼちぼち長屋」の実践が私たちに示唆してくれるのは、暮らしという当たり前の日常の中に、当たり前の関係をつなぎ直したということです。普通の人の関わり合いだからこそ、特殊化ではなく、日常化の方向でつながって、普通の生活の中に、素人ならではの関わり方を創り出しているということです。

このように考えてみるとこれまでは、ネットワークと言うと、多様な専門機関や人がつながりあって、チームとしての専門性を強化することに関心が向いてきました。それはそれですごく重要なことですが、これからはそれだけでなく、もっと生活圏を共有している普通の人たちの出番を当てにする、素人ネットワークがむしろ日常の関係づくりとしては重要になってくるように思うのです。専門チームのネットワークと対比する意味で、わざと素人ネットワークという書き方をしましたが、素人のほうはネットワークというより、一人ひとりが自分のできることで参加していく、さりげない、意識しない、しばられない普通の関係づくりなのかもしれません。そういえば、若い頃、ノーマライゼーション（障がい者や高齢者が他の人々とともに、地域で普通の生活を営むことを当然とする福祉の基本的考えや運動・施策）という言葉を耳にしていたことを、今改めて思い出すのですが、私たちの生活実感として、ようやくこの言葉が入ってきたということなのでしょう。

ところで、わこう村では、親が卒園する時に希望をとって、「わこう村びと（村人）」登録をしてもらっています。こういうことなら卒園しても自分は出られる、手伝いたいと、登録してもらうのです。登録されると年に二回の『村びと新聞』が届いて、手を借りたい時にはお誘いの連絡が入るのです。卒園してもここの関係の中に、居場所があって、つながっていたいと思っていてくれている。それはとてもうれしいことです。

しかし、現実には子どもが学校に入学すれば、関心は学校に向くし、学校での関わりも増えていきます。なので、登録された村びとの日常の関心ごとと、保育園で手伝ってもらいたいことの想いには、だんだんとずれが、広がっていくことになるのです。

今はまだ、主だった活動が保育園を中心に動いているので、保育園や保育園の親がやろうとしていることからの発信が多く、現役が主人公で、村人はお手伝いの関係にどうしてもなってしまう。どうしたら、卒園しても居場所がつながっていられて、自らの関心ごとを選択して、共同／協働／響同できるようになれるのか、今そういう段階のところで、親と保育園とで模索の最中です。

## お寺と保育園がコラボするコミュニティー

ところで私はもう一つ、寺の住職という役割もあって、村づくりコミュニティーは、お寺のほうからも必要だとこの頃思うようになってきました。同じ人が考えているのだから当たり前と言えば当たり前なのかもしれませんが、檀家回りをしていると、みんなが歳を取ってきたせいか、懐かしい昔の話になるのです。昔はもっとみんなに時間があって、「縁台出して、将棋指していた」とか、「夕涼みで外に出ると、隣も出てきて話がはずんだ」とか、「寄り合いがあると、おすそ分けで手料理を持参した」「そういうのが楽しみだった」「今はつくっても一人か二人で食べるんじゃ、張合いがない」……と言うのです。

一人じゃ張合いがないというのは、手料理だけではないかもしれません。田舎ですから、自分で食べるくらいの野菜をつくる畑仕事もしていたりするのですが、これも一人じゃ張合いがないのかもしれません。これから、団塊の人たちの老後の生活が始まりますが、そういう世代の人たちの、一人じゃないよという張合いの場所を、お寺だから「寺（テラ）ス」ですかね、を提供してみんなに使ってもらうのです。自分たちで自分たちの楽しみが仕切れて、畑をやったり、漬物つけたり、落ち葉を焚いて焼き芋焼いたり、学びたいことがあれば講師を呼んで、村だから「村塾」ですかね、を開いたりして、ここに集まる人たちで、大きな家族のような関係で「村」の生活を創り出していけたら、楽しいだろうなと思うのです。そんな「わこう村＝子ミュニティー寺ス」を保育園と寺の共同で、創り出せたらきっと面白くなるだろう。参加生活型のコミュニティーを、村のみんなで創っていく。

そして、村の人たちが主人公になって、わこう村を経営してくれたら、今度はそこに子どもたちも交ぜてもらいながら、一緒に交ざってやれることが、今よりも広がるだろう。その中で子どもたちは、生きる力をおすそ分けし、大人たちはそのおすそ分けを頂いた分若返れたり、人間性を回復していくというわけです。

何ができるかまだ分かりませんが、お寺や保育園から提案してやってもらうのではなく、「ここを使ってこんなことしてみたい」と参加したい人が自らアイデアを出す。お寺や保育園は場所を提供するだけということです。それでも、限られた空間なので、空間をシェアする会議が必要になるかもしれませんが、それくらい、一緒に面白がれる人がつながり始めてくれたら、願ってもないことです。そして、住民参加型の村議会（?）で、村づくり計画会議もやろうということにでもなれば、また面白いことが起きるのではないかと思うのです。これはまさに、みんなで創る「わこう村子ミュニティー寺ス」なんだと思うのです。

このような思いを、第三世代に希望を託しながら語り合い、改めてこれから共にやっていきたいのは、「ぼちぼち長屋」の実践にあるように、素人参加の生活に埋め込まれた福祉、ソラヤさんが教えてくれたような幸福感が埋め込まれた、小さいけれど、豊かな関係性が大事にされたコミュニティーの中に、保育園が交ぜてもらうということです。一三〇頁に紹介したアメリカの教育心理学者バーバラ・ロゴフがフィールドワークで得た知見のように、コミュニティーの中で、子どもたちは、大人たちの生活や文化様式に交ぜてもらって、最初はまだ生産的な仕事はしていないけれど、そこに一緒にいること（いるだけ参加）や、見ていることが学びになっている（見習い）状態の参加がある。そして、次第に見よう見まねで真似てみたり、少しできることを手伝ったり（端くれ・弟子入り、序の口参加）から、次第にできることや任されることが増えていく。すると、参加の機会も増え（半人前）、やがてそこの生活様式や文化に身体も思想もなじんでいって、いつしかコミュニティーの一員として育っていく。そして、そのことをコミュニティーが認め（一人前＝成人式）、コミュニティーへの責任も引き受けられる「市民の一人になっていく」という関係を、「わこう村」にも創り出して、大人は人生の多様な生き方の先輩として、あるいはあこがれと見られるかっこいい職人集団（だから手が抜けない、本気で生きないといけない。本物を生きる）として、子どもの周辺に居てくれることが、家賃半額に代わる条件なんだと思うのです。

## 里山手仕事民主主義

そんなことを、私たちもようやく考えられるようになれてきたのですが、そういう意識が親の中でも育ってきていたということなのでしょう、先日夜のおやじの会の役員会で、こんな話が膨らんだのです。それは、おやじの会が持っている陶芸用の薪窯の運営会議でのことでした。そもそもこの窯は、おやじさんたちが、子どもたちの食事を、自分たちで焼いた皿で食べさせたいと始めたものです。素人集団で始めた陶芸なので、最初は窯が壊れたり、温度が思うように上がらずに、それでもあきらめずに一五年も続けてきました。どうしたら、自分たちの思い描く皿が焼けるのかと、悪戦苦闘していた時に、なんと瀬戸市で陶芸の経験を積んできたという、陶芸家のEさん親子が、入園してきたのでした。「あんたのような人が来るのを、ずっと待っていた」。これは、おやじの会がそのEさんに最初にかけた言葉です。毎年、薪を小屋いっぱいに用意するだけでも苦労があるのですが、おかげで、皿や湯呑が焼けるようになって、子どもたちが使わせてもらっています。

ところが、そういう作業も何年かすると人も変わるしパターン化してきて、意欲も減退してくる。しかも、保育園の生活に必要な道具といっても、ワクワクと作りたいものが次々リクエストされるわけではありません。窯の余裕空間を借りて、年長児が造形した作品も一緒に焼いてもらったりもしてきたのですが、それがいつしか卒園記念制作を焼く窯と勘違いする人もでてきていました。そこで、今年はどうするんだと、集まったのが一月の会議でした。行き詰った会議に、光明が射したのは、何年か前に試しにと、ありあわせでつくったピザ窯造りを今度は本格的にやらないか。そのレンガを焼いたらどうかと言うのです。その提案に、みんなのやる気に火が点いたのでした。そして二月の会議では、そのレンガが焼けるかどうかの可能性について会議したところ、土は園庭の下にある粘土を使ったらどうかという話になっていったのです。粘土のありかは、子どもたちがしょっちゅう掘っているので、どこにあるかよく知っている。子どもたちに教えてもらおう。土もいろんな土があるから、どのくらいの温度で焼いたらいいか、七輪と植木鉢を使った簡単な窯で、事前テストもできるよというのは、プロのEさんの助言。すると、レンガまで自前の土で作ることにこだわるのなら、ピザに使うハーブも植えよう。いやいや、畑で小麦を育てて、ピザ生地も自前で用意しよう。そうしたらもっとたくさんの人たちの参加が呼びかけられる。と話が話を呼んで、みんながわくわくしてきたのです。すると、「これこそ『わこう村』の取り組みじゃないか」というHさんの発言も飛び出して、みんなも「ウォーッ！」「いいね」となったのでした。畑を借りて、小麦を育てるとなると、またこれまでとは違う人とのつながりも動き出すはずです。そして、このプロジェクトは、おやじの会を抜け出して、関心のある人を集めて、「窯倶楽部」として独立することにもなって、「窯倶楽部通信」も発行されることになっていったのでした。

するると、こういう楽しいことは共振を始めるのか、なんと、次の週には、鍋を囲んで、こちらはOB有志の露天風呂建設プロジェクト企画チームが集まって、鍋が酒のつまみなのか、露天風呂がつまみなのかの夢会議が、もう一つ動き始めたのです。

前述したように今はまだ、保育園から発信することが多いのですが、どこかで情報発信の主と従が逆転していく、あるいはどちらからも発信するということになれたら、面白楽しくなるなと思うのです。始まりは、子縁が核の「子ミュニティー」ですが、子どもも大人もそれぞれが主人公になって、「自分」や「みんなの中の私」を生き、わこう村の生活文化（幸福実現プロジェクト）を自分ごととして創り出していく。村の祭りごと（政）を創り出していく。そのような価値や意味を、まずは自分たちの中で醸成し、少しずつ周りにも感染させていく。それは「子ミュニティー」から多世代参加の「コミュニティー」へ育っていくということだと思うのです。そのためには、またたくさんの葛藤や試行錯誤があるだろうと思うのですが、語り合い／試行錯誤していく時間の中で、少しずつお互いの関係がなじんでいくということなのでしょう。

子どもも大人も、お互いに認められ頼りにされて
それぞれに出番があって、できる責任をそれぞれが分担する
一人ひとりが当事者になって役割を引き受け
自分たちで、自分たちの生活を創り出していく
大人や仲間に、あこがれを持ちながら
世代を超えた交流の中で
大人も子どもも学びに好奇心と意欲をもって
粘り強いチャレンジ心や、あきらめないこだわりの態度を持ちながら
「子ミュニティー」に交ぜてもらい学び、真似て学び、手伝って学び
少しずつなじみながら、コミュニティーに参加する手立て・方法を一つずつ身につけて
あこがれのものそのものになっていく、一人の市民（村びと）として成長していく
そんな学び合いと育ち合いの「里山手仕事民主主義」を
こつこつあせらず醸成していく
わこう村・子ミュニティー・子ミュニティー寺ス・幸福プロジェクト

これは、新しい社会を、新しい学びの場を一つつくる、一つの可能性であり、希望なのです。

4章

## 自然・生活・学びをめぐって

和光の保育に触発されて考えたこと

久保健太

## ＊頂きものに生かされる

私は和光保育園が好きです。

まず、第一に、心地がいい。保育園にお邪魔すると、まず、靴を脱ぐ。靴下まで脱いで、広々とした縁側に腰を下ろす。涼しい風が吹いてくる。思わず、深い息をつく。私と同じように、縁側でくつろいでいる子どもがいます。縁側で絵を描いている子どももいます。

縁側からの眺めも好きです。目の前の園庭では、子どもたちが遊びまわっています。その向こうには木々がそよいでいます。葉っぱが風に揺れるたびに、その影も、一緒に揺れる。

とにかく、時間がゆったりと流れています。しかし、和光保育園の魅力は、このゆったりとした時間だけではありません。和光保育園の子どもたちは生き生きしています。子どもたちの活きがいい。これが二つ目の魅力です。

この活きのよさは、どこから来るのでしょうか。それは「生命界からの頂《いただ》きもの」に生かされているところから来ているように思います。「生命界からの頂きもの」を、私自身も、幼い頃たくさん頂きました。

幼い日の、ある日の夕立を、いまだに鮮明におぼえています。

暑い夏の日の夕方。さっきまで真っ青だった空が、いっぺんに暗くなっていく。青く高かった空に、低くて分厚い、黒い雲が立ちこめてくる。ほんの数十秒で、空の表情が一変してしまう。

一変するのは空の表情だけではありません。肌にふれる空気がとたんに冷気を帯びてきます。鳥肌が立つほどの肌寒さ。

空の暗さと、空気の肌寒さが、尋常でない不気味さをかもす。

黒い雲の上には、稲光が見える。

やがて、空を裂くような、バリバリという雷鳴が聞こえてくる。その音が徐々に近づいてくる。

私が鮮明におぼえているのはここまでです。その後にどんな雨が降ったのかはおぼえていません。それでも、あのときの、体感時間にすれば、数秒の間に一変した空の表情、冷気の浸透、雷鳴の迫力は、いまでも鮮明におぼえています。

大げさに言えば、幼い私は、あの雲の向こうから、どの建物よりも大きな大魔王がやってきて、この世界を滅ぼすのだと思ったのです。本気でそう思ったのです。

なにがなんだかよくわからないけど、すごいことが起きている。私が感じたのは、そういった、ある種の「感動」でした。

この感動こそ、まさに「生命界からの頂きもの」です。このときの感動に動かされて、幼い私は、おそらく家に帰るなり母を捕まえて、そのときの雲のようすや、雷のようすを、熱っぽく話したと思います。母に向かって話す私は、間違いなく、生き生きしていたと思います。「生命界からの頂きものに生かされて、生き生きする」とは、こういったことです。和光保育園の子どもたちの「活きのよさ」も、そういった種類のものだと思うのです。

## ＊「生命」にふれる

急に立ちこめた分厚い雲、そこに光る稲妻、冷気の浸透、雷鳴の迫力。そのすべてが「夕立」の中に含まれています。そのすべてが「夕立」という一つの「塊《かたまり》」のなかで蠢《うごめ》いています。その蠢きが、「夕立」という営みの「生命」をつくっています。

黒くて低い雲の下、冷たい空気に包まれて、とどろく雷光を見上げる。「夕立」を「黒い雲」「稲妻の光」「稲妻の音」といった細かな要素に分けることなく、「雲は低くて、黒くて、分厚くて、雲の上はピカッと光って、すごい音がして……」といった「塊」のまま、受け止める。見ているもの、聴いているもの、嗅いでいるもの、触れているもの、それらすべてを分けることなく「塊」のまま、受け止める。そのとき人は「夕立」の「生命」にふれることができます。

私は、こうした自然体験こそ、本来の自然体験ではないかと考えています。水槽の中で生き物を飼育することもいいのですが、それでは飼いならされた自然にふれているにすぎません。そうではなく、匂い、音、光、風、振動、手触りが一体となった塊を、塊のまま受け止める。それが本来の自然体験であり、生命にふれることであり、「生命界からの頂きもの」を頂くことではないかと思うのです。

## *リズムに委ねる

では、どうしたら、生命にふれることができるのか。それにはいくつかの方法があると思いますが、第一には、生命界がもつリズムに飲み込まれることです。生命界がもつリズムに身を委《ゆだ》ねると言ってもいい。主導権はあくまで生命界の側にあります。「ふれる」というと人間に主導権があるように聞こえますが、そうではありません。主導権は生命界の側にあり、そこに人間がお邪魔するのです。

生命界に生きるものにはすべてリズムがあります。一番わかりやすいのは風や光がもつリズムです。夕立を構成していた「黒い雲」「稲妻の光」「稲妻の音」にもリズムがあります。黒い雲が立ち込めると同時に冷たい風が吹き、稲妻の光に続いて、雷鳴が轟《とどろ》きます。これらは塊となって、大きな一つのリズムをつくっています。まるで雲と風と雷と大地とが一つの交響曲を奏でているかのようです。そのリズムに我が身を委ねることで、夕立の生命にふれるのです。

夕立のような圧倒的な体験でなくても、私たちのまわりには生命にふれる体験があふれています。木に登ることだって、アリの行列に見入ることだって、雲の動きに我を忘れることだって、そのすべてが生命にふれる体験になりえます。それは、木の揺らぎにも、アリの行列にも、雲の動きにもリズムがあるからです。ですから、そのリズムに身を委ね、そのリズムに入り込みさえすればよいのです。

## *「分けない」ということ

それではどうやって、そのリズムに入り込むのか。その秘訣は「五感で感じる」ということと、五感で感じているものを「分けない」ということにあると思います。

くどいようですが、生命界に生きるものにはすべてリズムがあります。そのリズムは、匂い、音、光、風、振動、手触り、すべてのものに現れます。たとえば、木陰でたたずんでいるとき、その枝が一陣の風に揺られれば、地面に落ちている光と陰が揺れます。と同時に、頬には風を感じます。耳には、葉が擦《す》れ合う音も聞こえてきます。きらめく光、吹いてくる風、葉の擦れ合う音といったそれぞれの要素に「一陣の風に木がそよぐ」ことによって生じたリズムが現れています。

諸要素に分かれて現れるリズムも、もともとは一体のものです。すべてが「一陣の風に木がそよぐ」ことによって生じたものです。ですから、きらめく光、吹いてくる風、葉の擦れ合う音は、一体のリズムを奏でます。

私たちの五感が、この一体のリズムを感じ取ります。このとき、五感で感じている匂い、音、光、風、振動、手触り、そういったものを分けてしまっては、諸要素を感じることはできても、生命のリズムを感じ取ることはできません。リズムは、一体のものとして、リズムを奏でているからです。

リズムの一体感を、そのまま感じるためには、五感で感じているものを「分けない」ことが必要です。分けてしまうと、肝心の一体感が損なわれ、リズムが感じ取れなくなってしまいます。五感を「分けない」。それによって、一体のリズムを感じ取る。それが生命界のリズムに入り込む秘訣であるように思います。

### ＊気がついたら、いつのまにか

とはいえ、「分けない」ということは、簡単なことではありません。なぜなら、私たちは意識活動をしてしまうからです。意識は世界を「分けよう」とします。それは仕方がないことなのです。のちに述べるように、事物《じぶつ》を一体のままでは扱わず、「分けて」扱うという作業が、人間を発達させてきたのも事実です。しかし、この「分けよう」とする意識の働きは、私たちが生命界のリズムに入り込もうとする際には、邪魔になります。

意識が働いてしまうということと「分けない」ということは、非常に相性が悪いのです。五感で感じたものを「分けない」ように意識すればするほど、個別の諸要素に意識がいってしまいます。意識が視覚に集中してしまったり、聴覚に集中してしまったりして、かえって、五感はバラバラになってしまいます。つまり、五感を「分けない」でおこうという意識を働かせてしまうと、その意識が、かえって五感を「分けない」ことを許さなくなってしまう。意識の働きと「分けない」ということはそんな関係にあります。

五感を「分けない」ために必要なのは、「分けない」でおこうと意識することではなくて、意識を働かせないようにすること、すなわち意識の働きを解除することです。そうして、意識に休んでいてもらうことです。しかし、それも難しい。なぜなら、意識の解除は、意識的にはできないからです。みなさんも身に覚えがあるはずです。「意識しないでおこう」と思えば思うほど、逆に意識が働いてしまうということが。

同様に、「今日は五感を分けずに、生命界のリズムに入り込むぞ！」と思っても、そうはいきません。生命界のリズムに入り込むときは、ほぼ例外なく、気がついたら、いつのまにか、無意識のうちに、入り込んでいます。意識の解除は、気がついたら、いつのまにか、それが到来していることを待つしかないものなのです。

## ＊環境の力と五感の力

気がついたら、いつのまにか、意識のスイッチが解除されている。そうして、五感を五感のまま受け取り、生命界のリズムに入り込む。そのとき、人は生命にふれ、生命界からの頂きものを頂いてしまう。そのおかげで、頂きものに生かされ、生き生きする。

これが、「活きのよさ」の正体なのだと思います。悩ましいのは、「意識のスイッチの解除は、意識的には起こせない」という点です。私たちは、意識が解除される瞬間の到来を待つことしかできません。しかし、なるべく多くこの瞬間が到来するように、環境構成を工夫することはできます。

工夫には少なくとも次の三つがあります。一つ目に、リズムを打っているもの、その中でも、リズムが匂い、音、光、風、振動、手触りといった多様なかたちで発信されているものを、身の回りに置いておくこと。二つ目に、そのリズムと、人間がゆっくりと共鳴する時間を用意しておくこと。三つ目に「我を忘れる」時間をたっぷりと保障し、こちらから「我にかえす」ようにはしないこと。子どもが生命界に入り込んでしまっているときには、没頭するままに放っておくこと。

こういった環境を整えて、あとは環境の力と五感の力を借りるほかないように思います。

## ＊学習とは何か

ここまで書いてきたことは、「学習とは何か」について、和光保育園に触発されながら考えたことです。私は学習とは「自分の殻を破っていくこと」だと思っています。その方法には、大きく二つの方法があります。一つは、「世界に溶け合ってしまう」こと。もう一つは「異質なものと共に生きるために、文化を規定し返していく」こと。

第一の「世界に溶け合ってしまう」こととは、いま述べてきた「生命にふれる」ことです。これは非常に、身体的な活動です。なぜなら、すでに述べたように、意識を解除し、自分を身体そのものにすることによって味わう体験だからです。しかし、同時に、非常に意味的な活動でもあります。

裸足になって、川に入り、一心不乱にザリガニを追い掛け回す。最初は冷たかった川の水が冷たくなくなってきて、水の中にいることすら忘れてしまう。苔《こけ》むして、滑りそうだった川底の石にも、足の裏が馴染んできて、自在に歩けるようになってくる。とはいえ、注意はしっかりと足の裏にまで行き届いている。そうこうしているうちに、ザリガニは前から脅かすと後ろに逃げることがわかってきて、後ろに網を待ち構えて、前から脅かすと、うまく捕まえられることがわかってくる。ようやくザリガニを手にしたとき、その体験の前と後では、ザリガニの手触りだけではなく、川の手触りが変わっている。それは自分にとってのザリガニや川の意味が変わることでもある。

ザリガニ、川の水、川底の石や苔。そうしたものが織りなす世界に、我を忘れて入り込み、その世界から頂きものを頂いたときに、世界が別のように見えてくる。

ここから先は「分別《ふんべつ》」と「無分別《むふんべつ》」という言葉を使います。

ふだん、意識して生きている世界は「分別」の世界です。「分別」は「分ける」「別れる」と書きます。物事を分けて考える知恵を示した言葉です。人は、この「分別」を働かせて「安全なもの」と「危険なもの」を分けたり、「食べられるもの」と「食べられないもの」を分けたりして、環境に適応してきました。ですから、「分別」はひじょうに大切なものです。

しかし、この「分別」の世界は、私とザリガニの間に境界を引き、両者を別のものとして扱う世界でもあります。のみならず、五感を分けて扱う世界でもあります。ですので、この「分別」の世界に生きているだけでは、人は世界のリズムの中に入り込むことはできません。それゆえ世界から生かされることもありません。

ですから一方で、人には、我を忘れて、川に入り、ザリガニを追い掛け回す時間が必要なのです。そうしたとき、私とザリガニとの間の境界は失われてしまいます。私と川の水、川底の石や苔との間の境界も失われます。これは「分別」を失った「無分別」の世界です。この「無分別」の状態において、人は「混じり合った感覚」「溶け合った感覚」を味わいます。

盆踊りの感覚も、それに近いものです。そこにいる人たちが混じり合いながら、同じリズムに身を委ね、溶け合っていく。そのとき、目の前で踊っているおばちゃんと自分との間の境界はなくなる。祭りが終わり、ふと我にかえると、おばちゃんが、祭りの前とは別のもののように見える。おばちゃんの見え方が変わっているということは、おばちゃんの「意味」が変わっているということです。「無分別」を味わうことによって、「分別」の世界とは別の意味が見えてきます。世界に溶け合うことで、「分別」の世界でつくられていた殻が破られ、それによって、世界の新しい見方が獲得される。これが「無分別」がもたらす学びです。

## *「無分別」から「分別」へ

しかし、人間は、いつまでも「無分別」の世界に浸ってはいられません。「無分別」の世界は、我を忘れるどころか、我を失う世界でもあるからです。

絵本『かいじゅうたちのいるところ』（モーリス・センダック作 冨山房）のなかで、主人公のマックスは、かいじゅうたちのいる世界に入っていきますが、最後には、こちら側の世界に戻ってきます。そうしないと、かいじゅうたちと自分との間の境界がなくなり、そうして自分がかいじゅうと一体となってしまうからです（実際、かいじゅうおどりを踊っているときのマックスは、すっかりかいじゅうに溶け合っています）。

かいじゅうと一体になる体験は、「分別」の世界では味わうことのできない楽しみをもたらしてくれますが、それは同時に、「分別」の世界に戻れなくなる危険もはらんでいます。

マックスは、すれすれのところで「分別」の世界に戻ってきます。しかし、「分別」の世界に戻ってきたとしても、「無分別」の世界で味わった楽しさの感触が残っています。

その感触を「楽しさ」と名付けてしまうのは不適切かもしれません。なぜなら、その感触は「楽しさ」という一つの名称に収めることはできないものだからです。

いわば「なにがなんだかよくわからないけど、すごいこと」として残っているものです。それは、とうてい分けることなどできない塊《かたまり》を頂いてしまったという感触です。

そうした「無分別」の世界で味わった感触を抱いて、「分別」の世界に戻ってきたとき、人はそこで何をするか。人はそこで、「分別」を始めます。たとえば「夕立」を、「黒い雲」「稲妻の光」「稲妻の音」といった諸要素に「分けよう」とします。それは「なにがなんだかよくわからないけど、すごいこと」という理解不能なものを、何とか、自分なりに理解可能なものに分けて、腑に落とそうとすることです。

一つの塊を分けようとするとき、自分なりの秩序に沿って、分けていきます。たとえば、お散歩のとき夢中で拾って、気がついたら、ポケットいっぱいになっていたドングリを、ポケットからゴソリと取り出して、そのドングリを並べ始める。そのとき、子どもは、その子なりの秩序で、ドングリを並べ始めます。大きさの順に並べたり、淡い色のものから並べたり、といった具合です。

ともあれ、「なにがなんだかよくわからないけど、すごいこと」という一つの塊を、自分なりの秩序に沿って、分別し、そうして世界を理解していく。言いかえれば、世界に意味をつけていく。これが「分別」がもたらす学びです。

分別したとはいえ、それで「無分別」の世界からの頂きものがすべて腑に落ちたわけではなく、その手触りはずっと残っています。そして、その手触りを言葉にしたくて、大人になってからでも探ろうとする。そういうことは、よくあります。そうした体験を、原体験と呼ぶのであれば、気がついたら、いつのまにか原体験を頂いてしまうことが第一の学びであり、原体験の意味を自分なりに探り、その体験に意味を与えていくことが第二の学びであるともいえます。

ここまで、「自然」と人間との関係の話をしてきました。ここで一息いれて、話題を「生活」と「学び」の話に変えます。

## *「生活」と「学び」をつなぐ「手仕事」

和光保育園の鈴木まひろ園長と、次のような会話をしたことがあります。

和光保育園では、生活の場が学びの場になるように工夫してきた。しかし、生活の場を学びの場にしようとすればするほど、その場所が、どんどん生活の場から離れていく。大人の意図が充満した、窮屈な場所になっていく。生活と学びの両立は非常に難しい。生活と学びの関係について、久保さんはどう思う? そういった趣旨の会話でした。

生活と学びの両立について、この場を借りて、私なりの考えを記《しる》しておきたいと思います。結論から言えば、生活の場が学びの場となるためには、生活に「仕事」があることが必要だと思います。しかも、その仕事に、いくつかの仕掛けが必要だと思います。

## *手仕事であること

一つ目の仕掛けは、生活の中の仕事が「手仕事」としてあることです。下手なやり方をするとうまくいかなくて、疲れだけ溜まっていくというところが手仕事のいいところです。だから、疲れないように工夫をします。この工夫によって、やり方が洗練されていきます。次第に「型」が出来上がっていきます。その型によって、生命力が淀みなく流れ出るようになります。そうなると、しめたものです。自分のイメージ通りのものが、目の前に表現できるようになってくるので、手仕事がとても楽しくなってきます。生命力がみなぎってきます。

## ＊本物のもつ二面性を相手にした仕事であること：学習とは何か　2

とはいえ、手仕事であれば何であろうと型が洗練されていくわけではありません。仕事を通して型が洗練されていくには、「本物」を相手に仕事をすることが大事です。

ここでいう本物とは「二面性をもつもの」という意味です。言いかえれば「どちらにも転ぶもの」です。たとえばナイフは、ジャガイモを切り、木を削る便利な道具ですが、自分の体を傷つけもします。扱い方次第で、「毒にも薬にもなり」ます。

本物がもつ「どちらに転ぶかわからない」という性格は、人を惹きつけます。特に、子どもは、この「どちらに転ぶかわからない」という不安定な状態の中に、楽しみを見出します。木登りでもなんでも、うまくいくかどうかわからないことに惹きつけられ、挑戦します。

しかし、「どちらに転ぶかわからない」という不安定な状態は、しんどいものでもあります。ですから人は、そうした不安定な状態を脱し、安定の状態に行こうとします。そして、ひとたび安定の状態を見つけると、そこに安住しようとします。

この安住の状態は、ひじょうに居心地がいいものなのですが、反面、危険なものでもあります。変化をしなくなってしまうという危険です。

文化とは、先人から継承されてきた道具や知見の総称ですが、文化にもこのような危険があります。文化を獲得することで、よくも悪くも安定してしまうのです。「どちらに転ぶかわからない」という不安定の状態が失われ、安住の状態が出来上がってしまいます。

学習とは「自分の殻を破っていくこと」だと言いました。文化を獲得することは、たしかに一つの学習です。新しい知見を得ることで、自分の古い殻を破れるからです。しかし、それは反面、新しい自分の殻をつくることでもあるのです。場合によっては、古い殻よりも、丈夫な殻をつくってしまうことになるかも知れない。そうすると、自分の殻は破りづらくなってしまいます。

この状態を破るには「文化が通用しない事態に遭遇すること」が必要なのですが、これもなかなか難しい。それなりの文化が身につけば、どのような事態にも、それなりに対処できてしまうからです。

ですから、「自分とは異なるものと寄り合うこと」が大事です。もっと簡単に「自分が絶対ではないことを知っていること」が大事と言ってもいい。和光保育園の子どもたちは年がら年中、これをやっています。缶けりのルールを決めるときだって、フラフープの順番を決めるときだって、自分とは異なるいろんな意見が出てきます。「自分の意見よりいい意見だな」という意見にたくさん出会います。自分の意見が絶対ではないことを感覚的に確かめつづけます。しかも、これを大人抜きでやっています。こうして、獲得したものへの安住を避け、不安定な状態に開かれつづける構えを保ちます。

これは「自分とは異なるものと寄り合うこと」で、自分の殻をほぐし、堅くならないようにしておくということですが、同時に、文化の二面性を感じつづけることでもあります。それは「文化を獲得することは、古い殻を破る原動力になりもするが、半面、新しい殻への更新を妨げる原因にもなる」という二面性を感じつづけることです。それによって「文化を規定し返す状態」を保つことができます。

「文化を規定し返す状態」の逆にあるのが「文化に規定されている状態」です。新しい知見として獲得されたはずの文化が、いつのまにか、ひじょうに丈夫な自分の殻となり、かえって変化が失われる原因となってしまっている状態――これが「文化に規定されている状態」です。言いかえれば、「毒にも薬にもなる」二面性をもっていたはずの文化が「薬から毒になって」しまっている状態です。

一方、「文化を規定し返す状態」とは、毒に変わってしまった文化を、薬へと規定し返すことで、「毒にも薬にもなる」という文化の二面性を取り戻した状態です。

こうした文化の規定し返しは、文化の二面性の再発見であるという意味で学習と呼べるものですが、同時に、堅くなっていた自分の殻をほぐし、あらためて破っていくという意味での学習でもあります。先に述べた「自分の殻を破っていく」ための二つの方法、すなわち「世界に溶け合ってしまう」ことと「異質なものと共に生きるために、文化を規定し返していく」ことのうち、後者がこれにあたります。

**＊感染**

「本物」「文化」「二面性」の話をしているうちに、話が長くなってしまいました。戻ります。こうした「どちらに転ぶかわからない」ものと付き合い、それを使いこなそうとしているうちに、人間の所作は、その「型」が洗練されていきます。そうなると、自分のイメージ通りのものを、自在に表現できるようになってきます。

型を洗練させ、生命力を発露させている子どもの姿は、周囲の子どもたちに「感染」します。周囲の子どもたちが、同じことをやろうとします。なぜか。それは「型」が美しいからです。この場合の「美しい」というのは、淀みなく、生命力が発露されている感じ、あるいは生命力が炸裂《さくれつ》している感じです。

こうした美しさが周囲の子どもたちに「感染」し、子どもの「やりたい」という気持ちに火をつけます。ここに「手仕事」が「学び」の機会になる理由があります。

「やりたい」という気持ちがなぜ大事かということを説明するために、ヴィゴツキー派の教育学者エンゲストロームの学習理論を紹介します。彼の学習理論は、大胆に換骨奪胎《かんこつだったい》すれば、次の四段階として描けます。①欲求状態、②ダブルバインド、③ツールの発見、④ツールの洗練化という四段階です。それをやさしく言いなおすと、次のようにも言えます。

①「やりたい」の段階
②「やりたいけど、できない」「できないけど、やりたい」の段階
③「やった！　できた！」の段階
④「いつでもできる、どこでもできる」の段階

このうち、「やりたい」の段階は、学習の起点として、ひじょうに重要です。

たとえば竹のぼりをしている子どもを見て、「やってみたい」という気持ちに火がつきます。「登りたい」という欲求が芽生えた状態です。

しかし、そのあとに「登りたいけど、登れない」「登れないけど、登りたい」という段階が来ます。「やりたい」という欲求はあるのに、技術が、その気持ちに追いついていない状態です。エンゲストロームはこれをダブルバインドの段階と呼びます。ダブルバインドとは「板挟み」という意味ですが、この場合、「やりたい」という欲求と「できない」という技術との間で板挟みが生じています。ですから、何とかできるようになろうと失敗を繰り返し、試行錯誤をします。すでに楽しそうに、竹を登りこなしている子どもの姿を手本にしながら、そこから何らかのヒントをつかみ取り、自分なりの手立てを編み出していきます。

そうして、試行錯誤を何度も繰り返していると、ついに「やった！　できた！」の瞬間が訪れます。竹のどこをつかめばいいのか、自分の体をどのように使えばいいのかという手立てやコツを発見します。これをエンゲストロームは、ツールの発見といいます。

「やった！　できた！」の瞬間があっても、百発百中でできるわけではありません。せいぜい五回中一回登れるくらいのものです。ですから「ツールの発見」の段階に至っても、何度も何度も失敗と試行錯誤を繰り返し、いつでも登れるという状態まで、技術を洗練させていきます。

こうした過程を経て、竹を登る技術が獲得されます。これがエンゲストロームのいう学習なのですが（正確には、これに加えて「拡張」という側面もあるのですが、ここではふれません）、「やりたい」という欲求の芽生えは、とくに学習の第一の段階として非常に重要です。

そもそもに戻れば、「手仕事」がもたらす「型」の洗練と、美しい「型」がもつ周囲の子どもへの「感染」力は、「学習」を起動させるという点で非常に効果的なのです。

## ＊教えたがらないものから教わってしまう

注目しておきたいことは、周囲の子どもの「やりたい」に火をつけた竹の登り手は、それを狙っていたわけではないということです。自分の体が疲れないように工夫をし、型を磨いていっただけなのです。

それを見た周囲の子どもが勝手に発火したのです。「手仕事」が「学び」の機会としてすぐれている点は、この「教えたがらないものから教わってしまう」という点にあります。これは、「やらされて教わる」ということとは大きく異なります。自分の自発性がまずあって、そこから「学び」が始まります。

## ＊周辺参加が許されること

しかし、「手仕事」がもたらす「学び」は、どこで「学び」が始まるかわからないという性格があります。さまざまな刺激が周囲にある中で、どの刺激が「やりたい」を発火させるのか、本人にもわからないからです。

ですから、ある活動を目にして「やりたい」に火がついたとき、その活動に加われるようにしておいてやることが大事なのです。最初からどっぷりと加わらなくても、周りから、徐々に加わっていけるようにしておいてやる。最初は見ているだけのところからでも加われるようにしておいてやる。これをジーン・レイヴとエティエンヌ・ウェンガーの用語で「周辺参加」といいます。「やりたい」に火がついたときには、この「周辺参加」によって、「やりたいけど、できない」へと進んでいけるようにしておいてやればいいのです。

そういった点では、本物の道具を置いておくだけでは、十分とは言えません。肝心なのは、本物の道具を用いた活動、すなわち「手仕事」です。そうした「手仕事」が生活の中にあって、しかも、その活動に周辺参加ができること。それが「生活」の場が「学び」の場になるための、一つ目の仕掛けではないでしょうか。

## *日々の仕事としてあること

もう一つの仕掛けは、そうした「手仕事」が、日々の仕事としてあることです。日々の仕事としてあるということは、月曜日に見た姿を、火曜日にも見ることができる。火曜日に見た姿を、水曜日にも見ることができる。もしくは去年見た姿を、今年も見ることができる。そうして、できない子どもは、できる子どもや保育者から、そのやり方を繰り返し学ぶことができる——そういったことです。

「あれ、やってみたいな」といったあこがれが「やりたい」を発火させ、「ああやって、やればいいのか」というヒントが「やりたいけど、できない」段階から「やった！　できた！」の段階に至るきっかけになる。もしくは、月曜日にうまくいかなかったことを、火曜日にもう一度試すことができる。それだって、「こうやって、やればいいのか」という手立てを発見する機会になる。

このように「仕事」が「日課のような仕事」「日々、繰り返される仕事」としてあることも、「生活」が「学び」の場になるための一つの仕掛けだと思うのです。

以上、「自然」と人間の関係について、および「生活」の場が「学び」の場になるための仕掛けについて述べさせていただきました。あわせて、私なりの学習論まで述べさせていただきました。これらが、和光保育園に触発されて、私が考えたことです。

# あとがき

保育園も来年（二〇一六年）、六〇年という節目の歳（還暦）を迎えます。私も、父が始めた保育園を手伝うようになってから、いつしか四〇年をこの保育園で過ごしました。その間、数々の保育園の実践を見学させてもらったり、お話を聞かせてもらい、目標とあこがれた園長さんともたくさんめぐり合うことができて幸せでした。また、この本で紹介／引用させていただいた論文はもちろんですが、周辺領域も含めて紹介しきれないほどの研究者の著書や講演と出会えたことが、和光の保育理念を形にする（言葉として可視化する）確かな力を授けてくれました。

この本を読んで下さった方は、もうお気づきだと思いますが、私たちは〇〇理論や、△△保育法など、先駆者が意味づけ、体系化したものに頼って始めた保育ではありません。ありのままの子どもたちと対話することをくり返しながら、少しずつ前に進めてきた保育です。ところが、面白いことに、同じ時代に、同じ想いの実践が、海の向こうでも起こっていたのです。それは、森眞理さんの案内で出会えた、ニュージーランドの幼児教育カリキュラム＝テ・ファリキと、その理念を実践に移した「学びの物語＝ラーニングストーリー」、そしてイタリアのレッジョ・エミリア市の教育観です。そして、それらは今世界中から関心の目が注がれています。不勉強がたたって、世界の動きなどまるで見えていなかった私たちでしたが、夢中で過ごしてきたら、保育理念が驚くほど重なっていたり、私たちが保育の見直しに取り組んできたこの三〇年と時を同じくして、まさに同時代的に動いていたことが、不思議で面白く、私たちの保育を強く後押ししてくれたのでした。

汐見稔幸さんは、「遊びで育つもの」の話の中で（九二頁）、人間は、混沌（カオス）状態から、恰好いいとかきれいな秩序（コスモス）をつくり出したいと思っている。それはつまり人間だけが持っている美（への探究心）であり、美（意識）というのは人間の本能なのではないか、と話されました。それを聞いて、改めて思ったのは、和光がこだわってきたのは、「ここの風景」という美意識だということです。ストレスレスや、くつろげる環境の必要性も書きましたが、環境は整えすぎたり、人工物に頼ってしまうと、久保健太さんや平野朝久さんが言う、世界の広さや奥深さに出会えないばかりか、混沌の中から試行錯誤して、学びの文脈を自ら創り出していく体験にも出会えません。出会うだけではだめで、夢中になる、没頭するくらいのたっぷりの時間を用意したいのです。汐見さんは没頭と脳のネットワークの話をされましたが、脳だけではなく五感を活性化させて、身体と脳のネットワークをつくっていくことの必要性を小泉英明さんは語ってくれています。「里山手仕事民主主義」という言葉を文中で使いました。与えられた自然の恵み（宇宙史／地球史が積みたくわえた多様性と奥深さ）と向き合いながら、自らの身体を使って、手仕事という関わり合い方で参加して、生きることを自らデザインして、一人ひとりが輝いて生きる風景には、このような条件がそろっていることを実感し、それがまた「美意識」につながっているように思うのです。

しかし、その美意識は、園長の満足や独りよがりであってはなりません。そこで、「あなたはどう思うの？」「あなたは、どうしたいの？」と子どもに聞いてみる、親に聞いてみる、を大事としてきました。

さて、本を形にしていくにあたって、出会ってしまったことから、森眞理さん、久保健太さんには、たくさん助言を頂いたうえ、応援の執筆まで頂きました。そしてひとなる書房の名古屋研一さん、安藝英里子さんには、企画から構成に至るまで手伝っていただけたことで、どうにか本が形に成りました。そして、ありがたいことに、「葛藤編」を書くチャンスを息子（副園長）や職員にまで与えてくれたことに感謝です。「育ちあいの場づくり論」と重いタイトルに加えて、「希望編」なる文字まで表紙について、恥ずかしい限りですが、私たちの学びを助けてくれたこれまでのたくさんの人たちに、ほんの少しですがお返しができるとしたら幸いです。最後までおつきあいくださり、ありがとうございました。

二〇一五年五月

鈴木まひろ

鈴木まひろ（眞廣）
社会福祉法人わこう村 和光保育園 理事長・園長。全国私立保育園連盟 保育・子育て総合研究機構元代表。淑徳大学非常勤講師。1952年生まれ。大正大学仏教学部仏教学科真言学専攻卒業。先代（父）が設立した保育園を引き継ぎ、園長となる。1982年頃「『子どものため』と言いながら、実は保育者の都合が優先しているのではないか？」と保育の見直しを始め、以来「子どもに学ぶ保育」を実践。自称、わこう村の演出人兼大工。著書に『あすの保育への提言Ⅰ・Ⅱ・Ⅲ』（共著、全国私立保育園連盟、1992・1994・2000）『保育方法・指導法』（共著、ミネルヴァ書房、2012）等。

久保健太（くぼ・けんた）
関東学院大学教育学部こども発達学科専任講師。白梅学園短期大学、十文字学園女子大学非常勤講師。1978年三重県生まれ、埼玉県育ち。東京大学大学院教育学研究科博士課程単位取得退学。「ゆったりとした生活」がもつ人間形成上の意味が、一貫した研究テーマ。道を「ゆったりとした生活」の場として回復させたいと思っている。著書に『保育のグランドデザインを描く』（編著、ミネルヴァ書房、2016年）等。

**社会福祉法人わこう村 和光保育園**

〒293-0042 千葉県富津市小久保2209番地
http://www.wakoh-mura.com/

**装画**／おのでらえいこ
**装幀**／やまだみちひろ
**写真**／川内松男（口絵グラビア、p.115）、和光保育園
高橋あつこ（p.57）、安藝英里子（p.109、p.116）

子どもに学んだ和光の保育・希望編
**育ちあいの場づくり論**

2015年6月30日 初版発行
2021年6月20日 2刷発行

著 者 鈴木まひろ
久保健太
発行者 名古屋研一

発行所 ㈱ひとなる書房
東京都文京区本郷2-17-13
広和レジデンス
TEL 03（3811）1372
FAX 03（3811）1383
Email：hitonaru@alles.or.jp